大展好書　好書大展
品嘗好書　冠群可期

徐震文叢：3

太極拳原理與練法
定式太極拳
簡式太極拳
意氣功

徐震著

大展出版社有限公司

目錄

太極拳原理與練法

導讀

《太極拳原理與練法》是《太極拳原理》與《練法綱要》兩篇長文的合編。徐先生本想把書名定為《太極拳新論》，後因恐與一九四三年的舊作同名，所以改成現在的書名。《太極拳原理》於一九六〇年六月寫成，《練法綱要》似乎有意未盡，所以沒有寫明完稿日期，估計是一九六〇年六月以後寫的。兩文都是用白話寫的，讀者精讀後，有助於學習徐先生新中國成立前用文言寫的太極拳著作。

徐先生的文章的特點是實事求是，與時俱進。正因為徐先生治學的態度是實事求是的，所以他能夠與時俱進。

此書引用了巴甫洛夫的條件反射學說，而這學說至今仍為許多運動生理學家所引用，足見它沒有過時。

此書還引用了《矛盾論》的論述，使人對太極拳打手的理論與實踐有明確的認識。讀者細讀此書，定會體會到它是徐先生練拳幾十年的心血結晶，能使人得到實實在在的好處。

林子清

二〇〇五年六月於上海

太極拳原理

一、強身醫療的原理

太極拳治好高血壓、胃潰瘍、神經衰弱、失眠、遺精、貧血、痔瘻、肺結核等症，這是我所親見，或由我應用而生效的。書報所載，太極拳所能治好的病，還不止此。太極拳所起醫療體操的作用，有不少事實證明，是無可懷疑的了。

體操不止用於治病，也用於防病保健。太極拳在這方面的功效，也是顯著的。在王宗岳的《太極拳舊譜》中，就說：「詳推用意終何在，益壽延年不老春。」可見太極拳防病保健的功用，是創編者有意做到的，並非

偶合。

根據現代生理學來談太極拳強身醫療的原理，也可以說明這一點。眾所周知，體育運動所以能夠強身防病，還能夠用於有病後的治療與治癒後的保健，就因為它能夠對機體的器官、系統提出加重負擔的要求，從而提高其機能。機體機能的提高，又使機體獲得豐富的營養而改善其本身。一個本來健康的人，經常從事體育運動，並注意衛生，能夠不使身體那一部分，給疾病以進攻的弱點和潛伏的處所，所以會長保健康，增進道德的素養和工作的能力，延長年壽，身體至老不衰。

對於患病者來說，由於體育運動能夠振奮機體的機能，改善機體本身，對各種病理變化的發展，就會加強抵制的力量。而且病灶周圍的健全區域，其生理過程在不斷改善，這就能夠幫助有病的組織、器官消滅病因，恢復機能。所以，系統地訓練神經肌肉器官，就容易消除疾病，恢復健康。

根據巴甫洛夫的學說：「機體的一切生命活動過程都受中樞神經系統調節的。」（《醫療體育基本原理》第二十六頁）「神經系統在一切生理過程中起主導作用。」（《醫療體育》第八頁，蘇聯伊薩爾基佐夫－謝拉金主編，人民體育出版社，一九五九年五月第一版）運動刺激神經，即使局部的活動，它也會影響到全體。但是並不是每項運動對機體的訓練都會產生同樣影響或同樣效果的，而是往往有所偏重。

比如足球、籃球運動，鍛鍊重在下肢，所以腿肌特別發達。投擲、推擲的運動，兩臂和胸背肌所受到的鍛鍊特別多，下肢受到的鍛鍊較少。這都不是全身勻稱的訓練。體操對機體是全面的均勻的訓練。所以它能夠「促進全身的發展。人的道德志品質也能在從事體操過程中得到改進」（《人體生理學》第四八一頁。這書係蘇聯A·H·克列斯托甫尼科夫主編，一九五七年五月人民體育出版社第三版）。它的複雜動作組合的成套活動，既可以改進中樞神經系統的管制、調節能力；同時也改進了運動器

官和內臟器官的機能。因此，體操在醫療體育中是作為基本項目來應用的。

太極拳是全體均勻的訓練，是複雜動作組合的活動。這幾點和一般基本體操相同。另外還有它的特徵，不但和一般基本體操不同，也和快速動作、緊張動作的外功拳術不同。它的姿勢：提頂、收臀、鬆肩、沉肘、含胸、拔背、裹胯、斂脇，全身處處應合，步下虛實分明，和它的連綿不斷的圓動作，鬆柔和緩的輕動作結合在一起，這是構成它的特徵的三個要素（一、姿勢，二、不斷的圓動作，三、鬆緩的輕動作）。

這樣的姿勢在達到熟練時，用於支持身體的力量可以減到極小。而每一動作既是在對準目標（演架時的目標是假想的攻擊對象，或者是出勁的方向）做複雜而又一致的集中活動，在動的線路上，一瞬之間，即能變換攻擊目標，同時也能避開被攻擊的目標。這就是，當肢體做一弧線式的運轉活動，線上接連的各點都可練到有其隨意運用。每一有目的發勁或化勁

（化勁亦名走勁，是避開的術語），都是全身應合的統一活動。可見全身肌肉可以任意活動的區域特別廣泛，而其動作可以做到特別複雜細緻。在動作中，各組肌肉、神經組織都很快而又很普遍在輪換著分擔工作。所以太極拳運動雖然一套打下來很久（可以長達三四十分鐘時間），感到的不是疲勞，相反的倒是精神飽滿和舒適。練者如已達到一定的程度，可以有全身血脈融和如新出浴的景象。

在運動時手指會感到微微顫動和膨脹。這種景象的出現，是由於停勻、連綿、圓轉、輕鬆的活動，能夠使呼吸深長，增加了氣體交換中的氧吸收量，衝開了所有的微血管，進而使所有的運動器官、內臟器官、神經系統的每一組織，都能參加到運動中來，得到全身極其和諧的運動量。這就是使人感到最大舒適的原因；這是它把內動外動的練法統一起來的效果。因此，它能夠增強體質的健康和增進頭腦的清醒、精神的充沛，因而能夠有助於提高人的道德意志品質及工作能力。

說到這裏，必須說明一下內動與外動的概念。什麼是內動？內動是以呼吸為主，刺激神經從而影響內臟，並影響到隨意肌。以靜坐為主要練法的氣功，就是內動的練法。外動是以隨意肌的活動為主，影響到神經和內臟。各項體育運動都是外動的練法。外動必須聯繫內動，因為呼吸停止，任何活動都不能進行。但內動卻是可以離開外動而進行的。所以練內動的方法，坐著臥著都可以。

太極拳就它的形式來看，是外動體育的一種；就它的特徵來說，又與內動的氣功有共同的基礎。因為外動的體育運動，要提高機體的體力、耐力、速度、靈敏，必須用增加機體負擔的手段（不論是全體的，還是局部的），來提高對器官、系統加強工作的要求。太極拳的練法，雖然也有從增加機體負擔做起的方法，但不一定如此。可以從隨意活動做起，這種做法重在連綿、圓轉、柔和、輕鬆（對姿勢先不作全面顧到的要求）。

因此，它的運動法，雖然還是從關節、肌肉動起，可是在整體和諧的活動下，呼吸是平靜的，橫紋肌的內層和內臟機都受到神經的自由控制和主動調節，從而使各器官的和諧動作也能愈來愈靈敏，逐漸做到形體與意念一致的自動化。所以太極拳是內動、外動統一的練法。氣功所能達到的醫療作用，太極拳也有許多能夠達到。

學太極拳雖然動作比學氣功繁難，實際上比氣功容易掌握，不至發生練氣功出偏差的情況。因為外面的活動，容易使意識歸一，呼吸通暢。坐著不動，呼吸往往不易調勻，意念亦不易歸一。還有一層，練氣功要有適宜的環境。在療養院中練當然是適宜的，在一般的住宅和宿舍就不一定適宜。練太極拳就便利得多了，室外好練，室內也好練，不大受到環境條件限制。太極拳又可以和氣功結合起來練。有許多氣功醫療機構已經這樣做了。但是太極拳和氣功還是有其差別的，這要作為一個專題來研究，我不想在此多說。

簡單地說，氣功對內體訓練達到的程度，可能比太極拳還要深細。然

而熟練了太極拳，要練氣功就很容易做得正確，不至出偏差。在練氣功時，還可以運用太極拳的功夫，解決一些氣機不暢等問題。各種太極拳（包括新編的《簡化太極拳》、《定式太極拳》在內）練得合法，都會有此功能的。很多人練太極拳到純熟時，都能感到精神和愉舒適，全身血脈融和。就這樣一個感覺來說，已經大有益於療病。至於防病保健，更不用說了。

《醫療體育基本原理》說：「積極性情緒能刺激各種生理機制，同時能轉移患者對病痛的注意；這對於治療的效果以及患者體力的恢復有很重要的意義。在這裏回想一下斯巴索庫科茨基所說的話是適宜的。他說：『能提高病人的情緒，就是把他治癒了一半。』」（見第三十一頁）練太極拳的實感，不正是能給病者以很大的興趣，因而使其情緒提高嗎？

醫療體育家都認為醫療體育用的是綜合方法，體操要用，其他如服藥等也同時要用，並不是專靠一種醫療體操。太極拳對醫療體育來說，也不是萬應靈膏，這一點應當認識清楚。可是練太極拳在同一結構的套路，同一動作的式子，對姿勢應當因各人身體的條件和練習的目的而作不同的規定。可以要求得嚴，也可以要求得寬，它在醫療上可以應用得比較廣泛。

但從發展的情況來說，如果在練習中得到了比較濃厚的趣味，從低級的要求進到高級的程度也是常有的事。所以，有些人本來是為療病而練的，到後來竟成為一個很好的武術專家，這不是什麼稀罕的事。

至於用太極拳的形式，不按它的特徵練去，那麼所得的效果，就與上面所說的情況不一定相同了。例如有些用外功拳的勁路練太極拳，這對身體也有好處，但是太極拳的精深細緻的造詣，融和舒適的快感是得不到的。

二、技擊攻守的原理

古人練拳很重視技擊，因為在軍事和防身上都要用到它。現在練拳在

軍事上、在和敵人鬥爭中不是完全用不到，但最主要的作用還在體育方面。體育有以角鬥競技來鍛鍊體力、耐力、速度、靈敏的，所以體育運動中有搏擊、摔跤、擊劍等項目。武術本來有對角的特點，現在就在它原有的基礎上加以改動，使適合於體育運動的目的。這是很容易的事，也很符合於事物發展的原理。

拿太極拳來說，它的打手是一種極好的競賽運動，這種競賽並不像搏擊、摔跤那樣激烈，而是最能鍛鍊用力的巧妙。所以太極拳不僅有體操的性質，也可作競賽的項目。練太極拳的競賽技術雖然主要是練打手，但練架子卻是打手的基本工夫。這篇就把演習架子與打手的理論闡明如下。

太極拳的攻守原理是捨己從人，專憑借力。必須得間而進，絕不任意亂動。要做到這一點，又必須練成自身隨處穩定，運勁極其自由。還須練到穩定與活變統一，可以一氣轉換，而不是分段的變勢；是全體互相配合的轉變活動，而不是某一或某些肢體的局部活動。但即使在架子上練到這種程度，如果不從實際打手中取得經驗，還不可能有極其敏銳的感覺，也不能使出勁落點的時間、部位做到合一而準確。所以要練成太極拳的攻守技巧，不但要嚴格練好拳架的姿勢，還一定要依法練習打手。

練拳架是練主觀能動的功能；練打手是練掌握客觀規律的經驗，兩者必須結合起來，才能產生技擊上的效果。還必須認清，練拳架的姿勢，目的雖然在練如何運用主觀能動的功能，其姿勢的規格也是根據生理學和物理學的客觀規律的。所以，太極拳的技擊術是科學的、辯證的，而絕不是什麼玄妙的東西。

有人對太極拳的技擊功能表示懷疑，以為太極拳的動作緩慢，又不用力，不可能有技擊作用。又有人對太極拳的以無力勝有力，以不著力緩慢的練法練成一種內勁，看作一種不可理解的奇術。這都是只看表面，沒有深入瞭解它的內容。

按照力學的道理來解剖：

第一，是加力的運用。例如對方用拳向我胸部平擊，我不把它格開或蕩開，而在身子一閃的同時就把他的拳順勢斜向下一拉，這可以使對方仆倒。又如對方舉拳向我頭部打下，當他正把拳向上舉，他為了使舉起的拳打得更有力，就要把身體微向後仰，此時我就上步把他身子向上向後一推，也可把對方推倒。

第二，是切線的運用。例如對方用右拳向我胸腹之間衝擊，我若用左手把他的右臂擋開，這種擋法不論是向下或向左、右（向上不順，拳術家當然不會用到的），都只是被動的招架。太極拳的用法，就不是單純的擋開，而要使用斜進的切線，其中還帶有由上向下再由下向上的弧線。這樣，在把他的力向下一壓（使其不能到達我身）的同時，我的力已攻到對方的身上了（壓是用臂部，攻是用掌推。所以兩個動作可以同時做到）。不僅如此，而且當對方的臂被我下壓時，其力突然受到壓迫或襲擊，想改變力量而決不定方向，這時神經的猶疑會使他全身不穩定。正在這樣猶疑的空隙（當然只有一瞬間），我的力已達到他的身上，正合著他前後動盪不定（在謀支持身體的穩定）的力（或加在他後仰的力）而把他發出去了。

第三，是轉向的運用。譬如對方以全力雙手向我撲來，我一閃身使其撲空。這時對方受到惰性律的支配，不能立即穩住。我卻從橫裏把他一推，我雖用力不多，他必跌出。

第四，是虛實的運用。對方實力進攻之點，我絕不與之針鋒相對（太極拳最忌正面相碰。相碰就是頂，必須避免），而是讓過來力的方向，進襲他空虛不防之處。如對方猛力一拳向我頭部擊來，我一低身，同時上一步用一手輕托他的大臂（即肱），一手向他腕下輕輕一送，就可把他推倒或放出。另外一種方法，也可起腿把他掃倒（太極拳推手，一般很少用腿，但並非不用。現在還未定出推手規則，可以把使用腿作為一種方法來舉例。拳架中的「十字擺連」就是掃腿）。

分析借力的法則，可以歸納為以上四點。至於如何掌握這四點，必須熟練機體反射性的靈活。

在這方面又必須熟練四項活動：

第一，形意合一。

第二，黏走合一。

第三，時位合一。

而這三項又是相互聯結合一的。還有第四項是我力與他力合一。形意合一，可以先就加力法來說明。譬如彼屈，我乘勢以伸攻之；彼伸，我順勢以屈牽之，這就是王宗岳《太極拳論》所說的「隨屈就伸」。熟練屈伸隨意，才能靈敏地運用加力法。

要做到屈伸隨意，最基本的兩點是：

一是練屈伸肌的中等收縮，伸中有屈，屈中有伸，都是含蓄不盡，要時可變。

另一是練成神經中樞有高度的調節功能，各關節統一於目的性的活動達到自動化。

這樣就可以練成外形的各關節與各部分的骨骼肌在每一活動中都能以複雜細緻的操作，作用於一個目標，身形就能上下相隨，出勁就能隨意轉變。這就可以達到《十三勢歌訣》中的「意氣君來骨肉臣」的造詣。這裏面就包含內勁的作用（意思一動，全身的組織器官都在統一的目標下動作起來）。

黏走合一，我做讓開來力的動作，同時也就是向對方進攻的動作。如上面所說的「轉向運用」，「虛實運用」，必須邊讓邊進。如閃開他正面撲來的勁，這是走；同時也就是對準他的側體進攻，這是黏。這樣的動作分別說明是二，整體說來是一。又如低身是走，同時上步出手是黏（注意上步與出手必須一齊動作，單出手不上步，就會發不出對方）。所以走不是簡單地避讓，而正是為黏造成條件。

時位合一。時是發勁的時間，位是落點的地位。戚繼光在《紀效新書》中引俞大猷《劍經・總歌訣》說：「剛在他力前，柔乘他力後，彼忙我靜待，知拍任君鬥。」這雖說棍法，與拳法完全一致。勁必須使用得及時，及時就在緊緊恰合於他力的已發與未發的間隙。他的勁已透出，我就以走濟黏，這是以柔濟剛。他的勁還未透出，我即控制形勢，先發制人。在發勁未到落點時，總要柔而不剛，如果在我先出勁未到落點時，對方的勁忽而透出，仍可順勢轉變，利用第二間隙。落點不但要準對時間的間隙，也要照準部位（這裏包括著方向）。即落點必須是可以發出對方的部位。這一部位，必須是能夠使對方重心下傾的一點。

再說得具體些，要在把對方支身的一條中軸線看作一根杆子，給以一碰的翻轉。（這是運用力學翻轉槓杆的原理）。所以出勁的時間先後、遲早，與落點的應向何方何處（方與處即是位），必須統一起來才能有效。兩者參差，或致失效，或雖能把對方發出，也不輕鬆爽利。

我力與他力合一。這必須在打手的實踐中訓練出來。專練拳架，即使練到很熟，很合法，不多經過打手的練習，還是不能很好地掌握的。根本練法，不外乎在打手中必須執行正確的姿勢，實現上面所說的兩個基本練法——屈伸肌的中性收縮，神經中樞的高度調節功能。在運用中要專找對方的勁隙，要善因對方之勢而利用之。

工夫練到極精極純，就能隨意調動對方的勁，像使用自己的勁一樣。這就做到了我力與他力合一。

太極拳的技擊原理是如此。至於形式上的變化，那是說不完的。只要明白它的道理，就像掌握了一把鑰匙，就能打開它的蘊藏，探索怎樣鍛鍊，從而憑精勤的實踐——打手，來取得很好的成績。

（一九六〇年六月寫成）

練法綱要

練太極拳要掌握兩個主要環節：

一個是姿勢要準確。

一個是動作的速度與使用的力量也要準確。

但是準確的要求隨著到達的程度而不同。練法的內容是逐步進到深細。但不論如何提高，總是從一個基礎上發展起來的。練太極拳要精神集中，意念專一。怎樣能做到呢？入手時就以用心掌握兩個主要環節來實現，然後逐步做到意氣一致，身隨意運，逐步進到高級階段。

一、論姿勢

太極拳的姿勢現在按手、眼、身、足來說明。

1. 手

手分掌和拳兩種形式

⑴ 掌，掌的本身形式。五指要分開，不要併攏。大指只兩節，梢節微屈，其他四指則中節微屈。掌心內含，大指、食指與虎口成半規形。各指間的距離可以從略有隙縫到一指寬度。各指間的距離、寬度不一定要相等，最主要的是整個掌與指成弧形，掌根要與腕平。

掌的使用形式有俯掌、仰掌、側掌、立掌四種形式。

俯掌：手背朝上，亦稱陰掌。

仰掌：手心朝上，亦稱陽掌。

側掌：手指朝前，手心朝左或朝右。

立掌：有正出側出兩式。

正出，是掌心推出的式子，要斜向上翹，不可豎直。太極拳各關節屈處都要保持弧形，不要顯出角度。因為關節處一現角度，肌肉就不鬆柔，

會影響到勁的變化，致使勁有停滯，不能隨意運送。比如正向前推的掌（即正出的立掌）一豎直，勁就只能達到掌骨，不能達到指尖了。這樣勁就縮短，腕就不夠靈活。這樣用掌，腕關節的伸肌收縮太過，掌與指的屈肌便繃直了，這就違反了太極拳屈伸肌保持中等收縮（不做極度收縮）的特點。這一特點是太極拳所賴以維持其勻和性與靈活性的重要關鍵。違反了它，與太極拳的原理是不合的。側出是掌沿推出的式子。

側出也要帶圓曲之勢，即從小指外沿直到腕骨要形成外弧線，大指下掌根與腕骨相接處帶小半規形。其理與正出的立掌相同。

不論是用哪一種掌——俯掌、仰掌、側掌、立掌，掌帶弧形必須保持，不可走樣。

(2) 拳，拳的本身形式。太極拳的握拳，不要捏緊，要握得空鬆。從食指到小指四指雖然併攏，不要貼緊。大指節內側橫紋貼靠在食指梢節節骨外側。大指末節斜靠中指中節，指尖接近中指中節的節骨。虎口要圓，要平。

拳的使用形式，有俯拳、仰拳、立拳、沖拳四種。

俯拳：拳心朝下。

仰拳：拳心朝上。

立拳：虎口朝上。

沖拳：拳心朝身（武郝系太極拳的「更雞獨立」用此拳式）。

出拳不論任何式子，都要拳背與腕平，不可屈曲。這才能在運轉時一氣流行，上肢的圓活不受一些阻礙。這樣才能使拳與臂膊一氣擊出或運轉，不致把作用於目標的力分散，或在運轉時感到彆扭，哪怕是極輕微的彆扭。

2. 眼

眼，經常要用含蓄的注視。怎樣是含蓄的注視呢？即用平視的形式

（要正視，不可上下視或斜視）以集中注意的目光籠罩面前三方。既要顯得精神飽滿，又要保持平靜自然（不可瞪眼顯出暴氣）。除俯勢「海底撈針」外，其他各式都不把眼光下看。含蓄的注視在生理機制上最有利於準確地測定身體位置的移動，因為這樣可以照察到一個寬闊的視野，又能加強神經最高級部分安靜分析的能力，使其不受新異刺激物突然發生的影響而產生活動的障礙。

在體育運動中，大腦皮質的分析能力與調節能力的強弱常是相應的，因此，眼的含蓄注視姿勢有利於加強大腦皮質對整個機體的調節能力，也有利於提高大腦皮質對運動器官的反射靈敏性。所以，眼的這一姿勢，具有有益於健身的意義。

從技擊的角度來看，用平視的目光，才能洞察對方的活動，隨機應變。有人說眼要看自己的手，這種說法不對。因為看自己的手，就不能掌握客觀的情況，而成為主觀的行動。肢體有目的的活動做得準確與經濟，不一定要靠眼看著才能達到，反而是眼不局限於手更能造成靈敏反射的條件（這即上文所說眼的含蓄注視有利於大腦皮質對運動器官的反射靈敏性）；同時；看準對方的可攻擊點，正為手的落點找好目標，這就提高了反射活動的準確性。如果把眼光局限於自己的手上，不可能有這些效果。這是否專在打手活動中才用得上呢？並非如此。在演練拳架時，就可假想有個對手在面前。即使並非存心要練技擊，這種練法（這裏說的主要是在要求眼的姿勢正確）對健身也有好處。上面已經有過說明了。

3. 身

身法是太極拳練法中最主要部分之一，它是四肢動作的基本。身法對了，四肢就容易規範化。身法不對，四肢即使活潑，也難符合於太極拳的標準。

身法有八項規則：

(1) 提頂。(2) 收臀。(3) 含胸。(4) 拔背。(5) 鬆肩。(6) 沉肘。(7) 裹胯。(8) 斂脇。

茲闡述如下：

(1) 提頂

頂是指頭上的百會穴。頭的姿勢要正直，頸項要豎，頸項肌肉要儘量放鬆，解除不必要的緊張。這和眼的含蓄注視都是保證頭腦清醒，保證在演架中最經濟地支持全身不斷取得平衡的重要條件。

科學證明：「在進行運動時，頭的適當姿勢能保證肌緊張的分配最有利於運動的實現。」[1]可見頭的姿勢的重要性。

附屬於頭的是口。口須閉，但不可緊閉。舌可以抵上腭，但不必著意。

❶《人體生理學》，第三十七頁。

(2) 收臀

收臀原稱吊襠，是意味著小腹翻向上，把胯襠吊起。但「吊襠」一名詞，意義不大明豁，所以改用收臀。臀部內收，腰椎與上下椎骨成平直（不突不凹）之勢，這就能使小腹有翻起之勢了。這一姿勢和「提頂」是緊密聯繫在一起的，這使會陰穴（在兩胯之間）與百會穴（在頭頂上）成一直線。舊拳譜上說的「尾閭中正神貫頂」就要以這一姿勢的練好為準來實現。這樣最有利於肢體的活動，無論靜位反射，靜位運動反射，這都是最關緊要的。因為不按「提頂」、「收臀」的姿勢，腰部就不能圓轉活動，也將使足的變換虛實，不能輕快自如。

王宗岳《太極拳論》說：「立如秤準」，就是要熟練在動作的變化中常能保持這樣一個上下直線的支身之軸。

(3) 含胸

含胸是放鬆胸肌，若使心下沉到小腹（心不能沉到小腹，只是意識上

的現象），胸前經常如有一個與兩臂相連的圓圈。肺的呼吸感到寬緩而自由，深細而條暢，但又不是著力的深呼吸（在演練中有時會出現著力的深呼吸現象，但也只會有很少的幾次，而且是自然的、被動的，不是有意用深呼吸來配合動作。再這種現象也只會在練各家全套工夫進入一個新階段時才會有，進到高級階段，又不會有此現象了）。

特別要注意的是，含胸只可用意使心向下沉，並用意使兩膊互相包含，絕不是用弓背的姿勢來形成。還須特別說明，胸前的圓圈，不但在兩臂合抱時有些姿勢，就在兩臂開張時（如做單鞭的動作），從胸到兩手也仍如整個大圓圈的一段圈線（也可說是弧形線）。

(4) 拔背

「拔背」與「含胸」的姿勢，也和「提頂」與「收臀」的關係一樣，是緊密聯繫在一起的。這一姿勢，是要把背椎拔起，使背部與臀部成平直的姿勢。肩背部肌肉要有適當的伸展，以與胸肌的收縮相稱。不應伸展過長致成弓背之形，這是必須注意的。

(5) 鬆肩

鬆肩也有人叫做塌肩或沉肩。要把這一姿勢做得準確，必須把項以下的斜方肌和肩前後的三角肌鬆開，鎖骨與肩胛骨都須下降，經常注意於肩關節的下沉。兩臂的活動，都不可在肩上著力。在活動兩臂時，以身腰帶動兩臂，只把肩關節意想成為一根聯繫著身體與兩上肢的紐帶。這就合於鬆肩的姿勢了。肩能鬆，手才活，從身向手發出的力量，才能通達無阻。

(6) 沉肘

沉肘也有人叫垂肘，是要經常保持肘尖向下，即使手有時提起高到額前，肘也並不掀起，還是朝下。肘的向下可以使臂膊活動靈捷，從腳跟、身、腰出發的勁可以直接手指。肘若不沉，臂便挺直，臂的肌肉、關節都呈僵硬現象。

這既會影響到全身的圓活，也使勁不能直線放射，發得乾脆，而使肌

肉束漲大，致直射之力有一部分分散於不必要的四周漲力上了。

(7) 裹胯

裹胯原名裹襠❷，是兩股之間要取圓勢；兩膝常取相對內裏的姿勢。這一姿勢是為練骨盆與股關節、膝關節的扭旋靈活造成有利條件；這一姿勢可使骨盆與股關節的迴旋放長直徑；也可以放鬆腿部肌肉，使膝關節極為靈活，是練成腰腿與上肢一貫地做出精確反射的必要條件。

(8) 斂脇

斂脇原名護肫，這一名詞看來很難懂得，所以改用今名。原名的意思是說要保護胸脇部分。肫是鳥胃的名稱，太極拳家借用作人的胃部，意思是說保護胸脇部分。其姿勢主要是經常收縮肋間肌，當然也帶著雙手不離懷的活動。但這不過是架勢上的事，還難做到使胸肌與肋間肌既可以上下左右做小的迴旋運轉，也可以與整個軀幹上體一致起來做圓圈活動。這對

❷「裹襠」不如用「裹胯」確當。

進攻的力量，就很容易避開（這就是一種化、走的工夫）。因為胸脇部分是被攻擊的最大目標，如果把這部分的肌肉練活，就可以保護身體最容易受到攻擊的部分了。但因原名很費解，所以改用今名。

胸肌、肋間肌的中等收縮，可以消除這一部分肌肉的不必要的緊張，這不但與軀幹上體和兩上肢的靈活性有關，也與腰部和下肢肌的鬆、柔、圓活有關，而且這又是有利於膈膜活動的姿勢，可以加強腹呼吸的工作，使胸呼吸得到較多的寬息，從而有助於呼吸的深細，有利於增進大腦皮質反射的精確性。

以上八項身法規則合成一個不分離的統一姿勢。總的原則是，要全身屈伸肌在活動中都能做到靈敏的維持平衡，精確的使用力量，不做盲目的、粗率的、浪費力量的動作。

4. 足

足分步法、腿法兩種活動

(1) 步法　步法是兩腿進退轉換走站的運動形式。

太極拳的步法有以下幾種：

甲、點步

一足站定；另一足豎起，足尖點地，其位置在站定的一足之前。有的和站定的一足同一方向，或者略帶斜勢。身體的重量全由站定的一足支持，點地的一足只用足尖虛點。

乙、擱步

是虛擱的步子。一足腳跟擱地，腳尖蹺起；另一足踏實，支持全身的重量。

丙、跟步

一足向前作弓步形；另一足用足尖點地的虛步跟上，到與前腳跟齊。兩足橫的距離與肩相等。

丁、轉步

一足站定；另一足足跟轉半圈與站定的一足足尖相對。

戊、虛步

一足向前方，或向左右伸出，是平踏的步子。其不著力，與點步擱步同。

己、弓步

把膝屈曲弓出，須保持膝後彎內有（只能微露，不宜顯明）弧形線，大腿帶斜向下勢，勿放平直。這是實步。在這一步邁出落平時，全身重量立即移到這條腿上。另一腿在後面雖然伸直，但膝後部彎處（即膕）須略帶彎意，不可繃直，這一腿要虛。

庚、馬步

這即兩腳分開，其中一足向左右橫出，兩足尖成一直線，都向前方。膝後保持的彎度與弓步同。不可把大腿放得平直。全身重心，可以放在兩腿中間，但這只對楊家說，如係熟練者，仍可把重心置於一足。

辛、仆步

一腿下蹲，一腿仆下。這一式必須做到腰幹豎直，略不傾斜。如因年齡關係，腿已不能下蹲低仆，可以虛步代之。

⑵ **腿法** 腿法是用足進行攻擊的活動，其形式有下面四種：

甲、踢腳 腳背與腳尖平，勁從腳尖上透出。

乙、蹬腳 腳尖蹺起，勁從腳跟上發出。

丙、擺連腿 左腿站定，右腿足尖蹺起自左向右橫掃。勁在右足外沿與右脛外側。

丁、二起腿 左腿先向前踢出即帶躍起之勢，未落地時向前踢出右腿，右手拍打右腳背，勁在兩腳尖。

踢腳、蹬腳、擺連腿，支身的一腿都必須站穩（要從頭頂到足跟成一直線），不可因踢蹬橫擺而牽動身體，致有搖晃的現象（哪怕微細的搖晃也不應有）。踢、蹬、擺的腿須以腰胯主動，膝於抬腿時微屈，但不可顯著。須特別注意，踢、蹬、擺時足尖、足跟上都不可著力，只須意到，久練自然會有力。一著力於腳尖腳跟，就會影響到獨立時身體的穩定。

初學或年老體弱者，踢、蹬、擺都不必求高，離地半尺就可以。二起腿亦稱二起腳，現在除陳家溝一系還保持這一動作外，楊、郝兩系已經改成踢腳了。

總的說來，太極拳的用足，主要在步法。但無論腿法、步法，都要虛實分明。虛要意到，並不是散漫的無力；實要穩靜，不是呆板的占煞。這是訓練和運用兩足的總原則。所以在使用踢、蹬、掃時也只是意到，絕對不許因用腿而略微牽動站定的一足。除二起腿兩足離地，是一個訓練跳躍攻擊的特殊形式外，再沒有例外了。

二、論動作

太極拳在任何動作的變化中必須掌握好上面所說的各種姿勢。要使姿

勢能夠在一動之中處處互相應合，形成每一動的整體合度，又必須把運動肌和關節鍛鍊到鬆柔、和諧，從而做到輕靈、圓活。按這樣的方向和路徑練去，練得越熟，就會越來越注意到內層肌肉的靈敏性，即肌束的興奮與抑制可以達到沒有不隨意，沒有對目的性的動作的絲毫的牽掣。因此，鬆柔、和諧、輕靈、圓活是太極拳的妙處所在，也就是太極拳內容與形式的特徵。怎樣掌握練鬆柔和諧呢？

要在活動中抓住兩個環節：

第一是用意而不著力。

第二是緩慢而精神集中。

把這兩個環節和姿勢準確地結合起來才可達到姿勢有準而不是拘於形式的呆法，動作極靈，而絕非不合規律的亂動；從外部肢體動的和諧，促進內部組織器官系統之間的和諧。練到越來越精細，整個神經系統的機能愈來愈提高。大腦皮質的分析能力可以提高到只命令必要的幾股肌肉處於興奮狀態，進行工作，其餘肌肉束都在抑制狀態中寬息，不讓哪一股肌肉束作多餘的緊張，而且能夠立即隨著需要變動其興奮與抑制的狀態。

現在再把兩個環節的要點的具體練法說明一下。

第一，所以要用意而不著力，是為了使神經系統可以在一系列有目的的動作中直接受到鍛鍊。一著力，必然使大量肌肉束鼓起，這就有許多不適當、不需要的肌肉緊張，這就會造成許多神經與肌肉的負擔量不確當，反而分散了必要部分的工作的專注力，在變換用力時，又要來一次大量肌肉束的放鬆與緊張，也使在一個動作中某些必要的協同動作的肌肉不能得到精確的鍛鍊，致成操作上的障礙，這就會活動得不自如。這就是處處顯出手不應心的原因。這樣不準確的活動影響到肌肉的適當交替輪換，使工作能力降低，容易產生疲勞。因此，在準確的姿勢限制下，必須以不著力的動作練成姿勢有準的自動法。

第二，所以要緩慢而精神集中，是為把感性的認識細細地體認，提高

到理性的認識，把準確的姿勢，確當的用力，在有意識的進行反覆活動下，把反射活動鞏固起來。這是慢動作的一個作用。另外，慢動作是使所有的神經、運動肌和皮膚組織普遍受到訓練、得到平衡發展的一種特殊手段。這與不著力的活動是分不開的。快動作一般是大肌肉群與大關節在做重點的活動，運動肌的內層肌束會有許多得不到應有的運動量，比到大肌肉群與大關節所得到的運動量會很不相稱。

至於內臟的活動是否相應，也要看體質的強弱和年齡的老少等條件。只有慢動作才能做到細緻深入，使內層的肌肉組織普遍得到適量鍛鍊。在動作上不是強烈地、急劇地加重某些器官的負擔（尤其是呼吸循環系統的工作），而是用均勻分配各器官系統的工作，使它們的反射活動在持續進行中鞏固起來。

總之，能把這兩個要點和準確的姿勢結合在一起來操練，在強身保健療病癒疾方面可以得到顯著的成績。長期練下去，在養生和技擊上都會有不斷的新成就，會使人愈練愈感到興趣，這並不是誇張之談，確是實踐的體驗。

三、論進程

上面所說太極拳的練法，似乎會使人感到學起來很困難。誠然，要達到精深，確不容易。但是，只要有方法、有步驟地練，也不是太難的。初學只要大體符合規矩，也可以收卻病強身之效。守規矩是最基本的方法，逐步深入，就在於做得細密。從嚴格精確地守規矩，做到每一動自然合乎規矩，這就達到了融化的境地。

具體地說，全程大致可分為三步。

第一步，先把架子的動作練熟，練時注意幾個同時動作的聯合活動。首先著重上身和兩臂，尤其是肩肘關節的鬆開。其次腰胯與胸背必須一氣貫串著動，動時要注意從腰胯肩背到兩臂做到如一條弧線。此時步下的虛

實，暫可不管，或者雖分虛實，不作嚴格的要求。這樣練若干時間（因為各人的條件不同，時間不能規定），練到不需思索，就能把全套連貫地打下去。接著要注意到不著力和動作得慢。在動作時，必須經常保持屈伸肌的中等收縮（無論屈肌伸肌都不做極度的收縮）。關節亦不可挺直，總要帶有圓曲之勢。全部的動作達到快慢勻均，呼吸調和。

關於呼吸調和這一點，要加幾句說明：這是自然的調和，並不是有意把呼吸去配合動作。只要經常注意於不著力與和緩的動作，依照姿勢的規矩做去，神經中樞會自動地做好調節工作的，用不著注意到呼吸。注意於呼吸同時又注意於動作與姿勢，這就分散了注意力，使統一性的優勢法則不能形成，反而會使內部某些器官產生不舒適現象（不一定是哪些器官，比較多的是在胸前）。不著力以何為準呢？主要在不使肌束鼓得粗大，出現膨脹的現象。慢動作以何為準呢？要像寫正楷字那樣一筆一筆慢慢地劃，或者像抽風箱那樣慢慢抽送，每動的速度要大約相等。拿楊家或郝家太極為例，大約一套在二十至三十分鐘時間操作完畢，就合適了。第一步到此可算告一段落。

第二步，要進一層講究腿上的工夫，即是練兩腿分清虛實。練到能以一腿支持全身，另一腿可以隨意活動。這就可以達到「上下相隨」，腰為軀幹和上下肢活動的樞紐。而全身的活動成為整個宛轉不斷的圓線。練兩腿分清虛實到熟練的程度，在移動體位時，可以無須提高重心；兩腿可以很自由地隨時輪替支援全身，交換寬息，減少疲勞，放長操作時間，加強活動的能力。但在練分清步下虛實時，會使腿上感到緊張，覺得膝關節要著力而不是不著力的。甚至這樣練，腿上還會感到疼痛。疼痛是對腿部肌肉提高了要求，加重了鍛鍊所產生的現象，是進步的過程中必然會有的現象。經過鍛鍊，腿部肌肉的本身及其機能都有了新的發展，腿肌就能增加活動的靈活性。但必須注意膝關節的著力（李亦畬在《走架打手行工要言》中說的「兩股前節有力」，就是說這過程），是鍛鍊的過程，到步下

能夠分清虛實，就必須注意到把腿肌放鬆，連膝關節也不可使其著力了。

第三步，就是首先要放鬆膝關節，在動作時使腿肌和上肢肌有同樣的舒鬆。這就可以在動作中做到腿部的鬆柔、和諧、輕靈、圓活。三步都已做到，全身自然輕圓一氣，這就掌握了太極拳的整個練法。但鬆柔、和諧、輕靈、圓活的內容，會隨著不斷實踐而不斷提高的。當按照理論練了一兩年，覺得操作也符合規格了。但是再練下去，會覺得以前自以為符合規格的套子還沒有練好。還有更鬆柔、和諧、輕靈、圓活的前景。即使到了演一套架子已到自動化，有「飄然凌雲」的感受，也並不就是到了止境。這確是我一點體驗。所以太極練上了工夫，就會願練、愛練，不肯中斷，不會時作時輟。

有人會問，太極拳如此深細，不是太難學了嗎?答覆是：各人有不同的條件，也有不同的要求，可以各就自己的目的來練。我上面說的是太極拳的全程練法的線索，其中包括深的、淺的，高級的、低級的，練養生與練技擊的各個方面。如果只就老年的練拳者來說，按照上面所說第一步的練法，做得純熟，還是能收到強身卻病的效果。

幾點補充

太極拳有三個主要內容，這也是它的三個最大特點。

第一，它的原理是以陰陽相互依存、相互轉化為依據，以精確地掌握陰陽的主要面為運用。陰陽指的是拳術活動的矛盾性，太極指的是拳術活動的統一性。活動的情況包括自體本身的矛盾和自體與對手（即我方與對方）的矛盾。在兩種矛盾中，對自身，要在不斷轉化中取得平衡；對對方，經常要在轉化中爭取主動，站在主要面。這是太極拳第一個主要內容，也是最基本的內容。

如何才能在轉化中爭取主動，站在主要面？先要講究架子的練法。這

就是對自身的活動，在不斷的轉化中取得平衡的練法。這一練法仍然是以對立統一的法則使神經與肌體的矛盾統一起來，肢體與肢體之間的活動，內臟諸器官組織與外部各器官組織的活動統一起來。這就能夠做到隨時隨處的動作，都表現為穩定圓活，沒有牽扯。意之所至，氣力隨之。一切動作，可以隨心所欲，運用自如。整體動作與局部動作相一致，局部動作與局部動作相一致，這才能不斷地取得動作的穩定自由，練到越來越輕鬆、和諧、細緻、靈敏。這是第二個主要內容。

要達到能在轉化中爭取主動，站在主要面，不僅要在練架子上做工夫，如果只在這上面用功，還只能有主觀方面的體驗，不能獲得主觀與客觀結合起來的體驗。有了主觀與客觀結合起來的體驗，才能在技擊上取得利用對方之力的效果。其方法是以我能在轉化中取得迅速穩定平衡和整體與局部結合的活動，佔有優越條件，就能正對對方的不能在轉化中取得迅速穩定平衡……

太極拳

定式

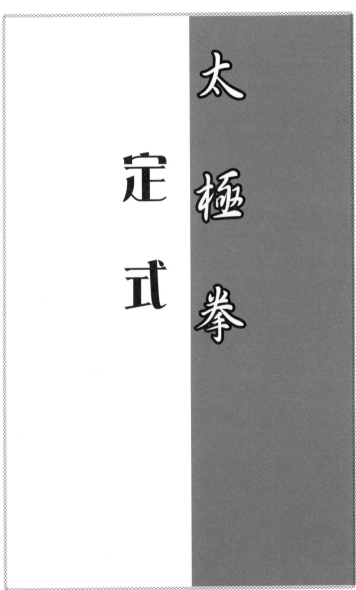

前言

定式太極拳是一個簡單的拳套，我編這個套子和寫這本冊子，是為便於普及，易於推廣。初稿寫成於一九六〇年八月，拳套編成還要早幾個月。經過一年來的試用，在醫療上，在指導學太極拳者打基礎功夫上，都曾取得效果。

太極拳能治癒多種慢性病，在綜合醫療上能起一定的作用已成為眾所周知之事。由於它既能增進機體的健康，又能給人精神上的快感，所以很多人練到純熟時，都會感到全身血脈融合，精神舒適。這種感覺，都大有益於療病。蘇聯莫史科夫教授說：「積極性情緒，能刺激各種生理機制；同時能轉移患者對病痛的注意。這對於治療的效果以及患者體力的恢復有很重要的意義。」

在這裏回想一下斯巴索庫科茨基說的話是適宜的，他說：「提高病人

的情緒，就是把它治癒了一半。」❶患病者可以從這一理論上來認識太極拳，認真的練習它。

另外，根據巴甫洛夫的學說，「神經系統在一切生理過程中起主導作用。」❷太極拳的柔、緩、勻和不著力的圓運動，與提頂、收臀、鬆肩、沉肘、含胸、拔背、斂脇、裹胯，八個基本姿勢相結合，是增進神經系統健康的最好練法之一。

太極拳除為醫療服務外，還可以從角技運動來提高神經與機體的靈敏性，練成經濟、調力的技巧。為了引起練習者的興趣，加深他們對太極拳的認識，鞏固他們鍛鍊的信念，所以本書裏談了些太極拳的技擊作用。這個簡便套子能否鍛鍊技擊功夫呢？答覆是肯定的。

本來拳術功夫的高低，不盡決定於拳套的繁簡。太極拳功夫的高低，更當以姿勢、動作、打手運用、內體感覺四者總合起來衡量，有人不想多費記憶力學套子，而特別愛好角技的打手活動，那麼他可以多花工夫於打手，只學這套簡式。從關鍵性上熟練太極拳的規矩，為打手技巧創造條件，這是向高級發展的一種練法。

末後，《淵》一章，不僅是作為一個參考資料而寫的，更重要的是，其中有思想鬥爭的內容，請閱者注意。

徐哲東

一九六一年五月十六日

❶ 見蘇聯B·H莫史科夫教授《醫療體育基本原理》，第三十一頁，人民衛生出版社，一九五八年第一版。

❷ 引蘇聯伊·薩爾基佐夫—謝拉·金主編：《醫療體育》，第八頁，人民體育出版社，一九五九年第一版。

第一章　緒　論

第一節　編選定式太極拳的目的

太極拳是我國民族體育運動中的一種寶貴的遺產。它有許多作用，可以作為一般健身的體操，可以作為一個競賽的項目（如拳擊、摔跤），又可以用於醫療方面。

在醫療方面，不僅可以作為醫療體操，還可以和氣功療法結合起來使用；可以幫助針灸醫師在用針時的運指自如，進針迅速準確，提、扦、捻、轉做得靈活；幫助按摩醫師練成內勁的運用。它有這樣多好處，所以黨和政府早就給以重視了。

在國家體委運動委員會歷年整理發揚下，創造了「簡化太極拳」，編寫了《太極拳運動》等教材，人民體育出版社也不斷在出版有關太極拳的書籍。今年四月，在黨和毛主席的號召下❶，開展太極拳、體操、打球、游泳、滑冰等活動（見四月八日《人民日報》）。

因此，大家對太極拳更為熱烈歡迎，但普遍開展，還有些問題：

第一，原來各家太極拳的套子，無論陳、楊、郝、吳、孫哪一家的，都是動作繁多，趟子複雜，學會全套比較費時費事，因此，有些人限於條件，一時不能學完；有的人雖然學完，由於工作忙，不能多花工夫練習，有時中斷，以至遺忘。

第二，有些人渴望學習，但因乏人指導，無從學起。

❶一九六一年四月十六日《人民日報》登載全國人民代表大會二屆二次會議，國家體育委員會榮高棠副主任委員的發言，引用了毛主席的指示，把太極拳與體操、打球、游泳、跑步、爬山等運動項目一併提出。

第三，太極拳的書籍雖已有多種出版，由於趟子往來，變化轉折，不容易掌握，看了圖解，沒有學過武術的人不會照樣做，就是學過武術的人，按圖練習，也難全會。

第四，很多年老的人，對於簡化太極拳的套子，在動作和套子上，還感到繁難，學不會記不住。

第五，有些病人，練全套太極拳的套子，即便是簡化太極拳，也覺得運動量過大，動作較繁一些。

為了解決以上一系列的問題，我想把太極拳再簡化一下，更便於多方面適應的需要，使教與學都能省事、省時、省記、省力，以利於太極拳的推廣，對普遍開展體育、衛生運動，也起著一定的作用。這是編選定式太極拳的主要目的。

第二節　定式太極拳的特點

定式太極拳有三個特點：

第一，動作簡易。全套比到原來各家太極拳架不過五分之一，比到簡化太極拳約為二分之一。動作簡單，易教、易學、易會、易記，這就解決了學起來煩難，學過了易忘的問題。

第二，方位明確。站定了練，和體操相似。這就解決了因走趟子而弄錯方位的問題。看了圖解，就可以照做，這就解決了無人指導就不能練習的問題。

第三，富有彈性。這套太極拳可以每組動作只練一次，也可以每組動作重複到二次至四次，又可以連演一套到幾套。操練一套為每組做一次對稱的動作，少至二、三分鐘，多至四、五分鐘就可以練完。每組重複四次對稱的動作，也不過六、七分鐘可以練完。年老和患病者都可以靈活運用，不會感到費力。所占地位不多，一個人在房內也可以練，在操場上又便於集體操演。

另外還須要說明一點，這套太極拳一方面採取了舊傳太極拳的特點，如動作的鬆圓柔緩，姿勢的穩定安詳；另一方面又吸取了體操的優點，如對稱動作與開始部分、基本部分、結束部分的安排，這對強身保健，防病癒疾，比到舊傳太極拳更為適用。

但從技擊的角度上看，舊傳太極拳的精細深刻之處，也並非這套太極拳可以完全代替，因為舊傳套子中有許多複雜動作，包含著更多的鍛鍊內層肌肉的作用，又包含著更多訓練技擊的內容。這套定式太極拳也是兩者兼有的，只是簡單一些。

用這樣簡單的做法來打好基礎功夫，也有它的好處，可以少記動作，多注意於姿勢的準確和鬆柔圓緩的習熟，如果練好這一套，再與氣功相結

合，再進而練舊傳各家的太極拳，反而會比一上來就學舊傳的套子收效更快，對強身保健，防病癒疾，功效仍是很大的。再加推手的實踐，也可以練攻守。因為加做氣功，能為神經與內層運動肌肉的靈敏和協調活動創造條件，再在打手上花工夫，是可與繁式套子，同樣練成高級技擊術的。

第三節　定式太極拳的取材和結構

一、總　論

定式太極拳兼取材於陳、楊、郝三家，結合體操的原理，主要是為強身保健，有助於道德精神的修養和治療疾病，預防傳染，但仍顧到攻守的技術內容和表演的藝術形式。

因此，採取十七個式子，編成九組，每一組動作可以只做一次，也可以反覆操作二次到四次。一組動作反覆幾次，就容易把姿勢做準確。反覆次數的多少，又可就各人的具體情況，需要的運動量而定。運動量的需要大，可以增加反覆次數；需要小，就可以減少次數或只做一次。

為了易學易會，看了圖解就可以照做，所以基本的套子，只有前方和左右方三面。另編這第四至第七組可以把基本套子的第一至第四組調換。這四組的動作比較複雜，有轉向後方的動作，這就是四面都到，既增加內容的細緻和複雜，也豐富了藝術形式。如果本來就有武術基礎的人，可以一上來就用另編的四組代替基本的四組。

二、架勢的來源和結構原理

各組的名稱如下：

預備式一、二

第一組：起勢、單鞭；

第二組：提手上勢、白鵝亮翅；

第三組：手揮琵琶、摟膝拗步；

第四組：左右踢腳；

第五組：海底撈針、閃通臂；

第六組：十字腿；

第七組：搬攔錘、雙風貫耳；

第八組：高探馬、運手；

第九組：抱頭推山、十字手、合太極（收勢）

第一、二、三、四、五、六組採自郝家；三、七、九組採自楊家；第八組的高探馬採自郝家。在第三組的「摟膝拗步」和第八組的「運手」中的迴旋扭動，運用了陳家的纏絲勁。第九組的「抱頭推山」採自陳家。「十字手」採自楊家。

這套定式太極拳比較均勻地分佈了全身的負擔量，但如果按照嚴格的規則來操作，在過程中下肢的負擔量是偏重的部分。全套的結構，是按體操的原則編的。是合乎生理負擔曲線的原理的；同時也顧到武術的練功作用，重視下部肢體的鍛鍊及其銜接轉度的特點。

按照具體的安排情況，第一、二兩節是平穩的動作，操作起來也比較容易，神經和支持這一運動的器官負擔量較小。

從第三到第七組，運動比較繁難些，身體各部分的活動變化較多。神經和支持這些運動的器官的負擔量也加重些。第八、第九兩組動作比開始的動作更簡易些，以便回復平常的生理狀態。

從《醫療體育基本原理》說：不應當把醫療體操操作過程中的生理負擔曲線當作是單峰的曲線，表示它在中點以前逐漸不斷地上升，過了中點以後又不斷地降低，直至終了時為止❷。

❷參看《前言》注❶。

醫療體操過程裏體力負擔的實際分配法，是按多峰曲線原則來進行的，定式太極拳就採取了這一原則。

由於太極拳本來具有一氣貫串連綿不斷的特點，加以全套之中，只有四、六兩組是單純的一個式子，其他各組是二個或三個式子所構成，還有全身上肢不斷地變換虛實，所以，每一組動作中就有多峰曲線，而這多峰曲線，又是微波細浪式的，而不是忽起忽落，所以，這就不僅能起到健身醫療的目的，同時兼練了武術的基本功夫，這就是編制這套定式太極拳的原理。

另藝術型各組的名稱如下：

第三組：手揮琵琶、摟膝拗步、倒捲肱；

第四組：四隅踢腳；

第五組：海底撈針、閃通臂、轉身閃通臂；

第六組：十字腿、左右蹬腳。

第三組加上的「倒捲肱」，名稱來自陳家拳譜，動作仍取楊家的形式。第四組仍是郝家的形式，不過變向左右兩邊踢出為向四隅踢出。第五組加轉身仍是郝家的式子，第六組加的左右踢腳仍採取郝家的姿勢。

如果用這藝術型四組代替了基本型的四組，整套就只宜每組左右各操作一次。倘嫌一遍運動不夠，可以整套連做兩遍。按照調換為四組的套子，操作整套的時間，少至三、五分鐘，多可至十分鐘。

第二章 練 法

第一節 姿勢和操作要點

太極拳能起很好的體育運動作用，就在它的姿勢和操作特點上。姿勢正確，操作合度，這是練好太極拳的基本要求。

姿勢的規矩，在舊拳譜中，曾提出十個條目：

一、提頂。二、收臀。三、含胸。四、拔背。五、鬆肩。六、沉肘。七、束肋。八、裹胯。九、騰挪。十、閃戰。

操作的準則，要把鬆、慢、圓、和四種動作統一起來，達到融合為一的境地。

先說姿勢：

一、提　頂

提頂是頭容端直，即項要豎起，不可面向前或向後等彎曲之形。（基本姿勢就是如此。到高級階段，還要講究「虛領頂勁」）。

二、收　臀

拳譜中名「吊襠」。其形式是腹部向上翻，臀部向內收，襠就有向上吊起之勢。現改成收臀比較容易明白。而且臀部內收正是這一姿勢的關鍵。

三、含　胸

含胸的意義，主要是為放鬆胸肌，以利於呼吸和使兩臂運用靈活。其

形式需要在胸前若有一圓（兩手合抱時）或弧線（兩手張開時）。但只可用若使心下沉到小腹的意識來實現（只有此意識，心是不能沉到小腹的），不可用弓起背部的姿勢來形成。這樣使「含胸」做得正確，限制含胸出現彎背之形。同時與「拔背」共同達成兩臂運用的靈活作用。

四、拔　背

拔背是脊梁骨拔直，使臀部與背成為平直的姿勢。這樣使「含胸」、「拔背」共同達成兩臂運用的靈活作用。

五、鬆　肩

鬆肩亦有人稱為塌肩或沉肩，這就是說肩要塌下，不可上提，這是這一姿勢的主要形式。

但鬆肩的意義，還需要注意肩部肌肉要鬆，不可緊張，臂與手的活動，不可以從肩發力，這才能達到從身、腰帶動兩臂的要求。

六、沉 肘

沉肘也有人叫做垂肘，要經常保持肘尖向下，即使手提高到前額時，肘也不可掀起。這一姿勢是為使兩臂不僵直，同時保證「鬆肩」、「含胸」、「束肋」的姿勢能夠得到合適。

七、束 肋

這是從陳家使用的名稱，郝家認為，既不大明顯，也不大確當，故改今名。其形式是保持肋間經常收斂。這可使肋間肌肉放鬆，為胸、腰、肩、臂運轉靈活造成有利條件。

八、裹　胯

裹胯的原名是裹襠。其形式是兩股之間要取圓勢，要做到兩下肢內側肌肉舒鬆、兩膝取向內裹的姿勢。這一姿勢是鍛鍊下肢肌肉鬆活，達成腰胯關節運旋的靈敏，又對穩定全身起著重要的作用。

九、騰　挪

這是說兩足要能隨宜轉換虛實。在一腿將動之前，須把它變成虛步。把支持全身的力量，放在另一腿上，這才能練成腿肌、膝關節、兩足的高度活動能力，使步下和全身的活動都能敏捷輕圓。

十、閃　戰

這是說每個著子都有目的。全身要統一地做到符合目的性的活動。各部分互相適應互相配合。其主要環節，在以腰為運轉的樞紐，使它成為每一動作的主導。拳譜中說：「主宰於腰」；又說：「一動無有不動，一靜無有不靜」，這就是對閃戰的說明。

以上是根據舊拳譜中原有的規則加上一些注釋。另外還需補充幾條：

一、眼

眼要向（出手和出腿的方向）前平視。不要把目光專注於手和腿，會使眼上瞼帶有下垂之勢。這就會使目光受到局限，精神提振得不夠。向前平視，開闊視野，精神自然活潑充足。再從技擊的意義上來說，向前平視，是密切注意對方動靜的訓練。如專注於手或腿，成了習慣，臨到應敵一看自己的手或足，就是一個間隙，給對方以可乘之機。但向前平視，須作含蓄的注視，又不可突睛怒目，使神經緊張起來。

武禹襄說：「神如捕鼠之貓。」這是很形象化地描寫太極拳的眼法。

二、口

口要閉，但不宜閉緊。舌聽其自然，不必規定要抵上顎。

三、手

手的五指：大指虎口要圓，其他四指中間都要有間縫，不宜併攏。指掌都要微彎，不可挺直。握拳不可太緊，但也不宜散漫，要手指抓實而非抓死。

四、足

兩腿要分虛實，在騰挪中都已經說過，實腿的支持力量要落在腳跟，兩腿變動的規則是把將動的足，先變為虛，然後轉腰過勁，使虛者變為實。實腿的前半部也不宜踏得太實，以免占煞，反而影響轉動力的靈活和支身的平衡。

次說操作：

一、鬆

鬆是不要著力，不論身手步的任何變動，都要保持各處肌肉略無緊張的情況。要肌肉和關節，都能做到柔軟而不僵硬，惟有放鬆了肌肉，才能使肌肉內外層都能夠得到適量的鍛鍊，而不至偏於大關節和大肌群的鍛鍊。

二、慢

每一動作都須動得緩慢，不要動得快速。慢是動得鬆的條件；慢又是對姿勢體認得真切，掌握得準確的環節；慢又能使每一個動作深入鍛鍊到肌體內部，即肌肉的內層和內臟器官。

慢到什麼限度呢？一般情況，全套甲種定式太極拳，有五分鐘時間就適合了，略快可減至四分鐘，加慢可至六、七分鐘。

三、圓

圓是每一個動作都要取圓線而不要成為直線。從整體來說，是四肢和腰幹一致的圓運動，要做到每一動作都是渾圓的流轉，而不是平面的扁圓轉動。要從始至終一氣貫注的圓，這就是實現著精神上的圓滿，而不是徒具形式，只管外面的圓。

四、和

和是自始至終動作要勻稱諧調，不可時快時慢。在動作中要由外表到內部，不斷地取得平衡。全身不覺有偏倚之處，動中依然如不動一樣非常穩定，又能一氣流轉，連綿不斷，這就是和。

但隨著程度的深淺，「和」的要求又有所不同，總的來說，就是意、氣、形三者達到了協調，但有低級、高級的不同。到最高級的階段，就會有清空一氣，全身如煙雲縹緲的感覺。

第二節　練習的進程

有人看了上面所說的規則，會感到繁難，因而不敢學不想學，這是不必要的。因為這許多條目不是一下就能掌握齊全的，而是逐步練熟的，大致可分三步來掌握。

第一步：先把各個式子（如第一組的「單鞭」是一個式子）記住，練到能夠不費思索的把全套連貫地打得下去；同時，就把鬆肩、收臀、騰挪（即步下能分虛實）、閃戰（在變虛實步與身體迴旋時能由腰起著樞紐作用），在鬆和慢的操作下，做到約略合度，這樣就達到了標準。在這一段

演練中，需要式式分清、著著到家，不妨斷而復連。

第二步：全部姿勢都能做到基本合度，在操作時不但能鬆、慢，還能做到外部（形式上）的圓活和諧。這樣就達到了標準。在這一步中，要把各個式子從斷而復連中進到連而不斷，但仍能著著交代清楚，每著每式都不含糊帶過。

第三步：第二步已經掌握了太極拳全部的基本練法，第三步就在第二步的基礎上加工。再求深入內部，做得細緻，把用心守規則和用心掌握操作的四個要點進一步做到熟極而流，全不矜持而自然合度。由外部的圓活和諧而進入內部（即氣）的圓活和諧，由反覆的實踐養成反射的功能，這就能全面地掌握太極拳的規則，而隨意運用它了。進入這一步後，並不是太極拳功夫的止境，往上探索還可以不斷取得新的進展。又可觸類旁通，和其他運動如籃球、乒乓球、摔跤等等相結合，滲透到其他運動項目中幫助它們提高技術的作用。

因此，太極拳的內容很深刻很豐富，可以任人抽取。達到第一步的標準，就能有保健療病的功效；達到第二步標準，為拳術的攻守技術建立起基礎；進入第三步，這就像拿到了一把倉庫的鑰匙，可以進去取得倉庫內我們需要的東西。

第三節　動作與呼吸配合的問題

太極拳是一種內功拳術。按照上一節所說的姿勢和操作的要點做去，內體確有一種氣流運行的現象，或手指有顫動膨脹等現象。至於王宗岳《太極拳論》上說的「氣沉丹田」，是可以在操作中感覺到的。這些內部感覺，是否要在呼吸與動作配合下才會有呢?不需要。

只要在做準姿勢做好操作上集中注意力，做到基本準確，就會有內體氣機通暢、周身覺得舒適的景象。功夫到第三步以上再深入內部向細緻活

動上精益求精，更將實現《十三勢歌》中所說「滿身輕利頂頭懸」的境界，這就做到了「虛領頂勁」。

所以，我的意見，姿勢與操作的準確掌握得對，不待配合呼吸而氣自調，愈掌握得精確，愈能自由運氣。如果勉強配合呼吸，在初學時，會分散姿勢與操作協調的注意力，影響到集中精神來解決姿勢與操作的協調問題，而這正是初步練拳要解決的主要矛盾。進到連綿不斷時，要求把全套渾灝流轉地練下去，那時注意呼吸的配合，更沒有必要。

因此，我認為不論初學或熟練後，呼吸只宜聽其自然，毋庸著意於配合。特把一點體驗，提出與大家商榷。

第三章　定式太極拳動作說明

圖1

預備式一（圖1）

兩腳並立（中間距離約一拳左右），膝部微屈勿挺，體態神情自然安靜，精神內守，排除雜念；頭面端正，意含頂勁，頦微內收；兩肩放鬆，腋部空虛不要夾緊，兩臂自然下垂，手指鬆開微屈，手心朝內向胯；涵胸拔背，腹部鬆弛，以意引氣下沉丹

圖2

圖3

田（小腹部）；兩眼凝神向前平視片刻（約一、二分鐘）。

預備式二（圖2、圖3）

接上式，兩腿屈膝微蹲，不過腳尖，體重漸漸移至右腿變實；同時，左腳跟提起，腳尖點地，左腿變虛。

然後左腳向左側方跨出一大步，約一肩半寬，腳尖著地，接著全腳掌落實，重心落在兩腿中間，兩腿繼續屈膝下蹲，膝尖不要超過腳尖，成騎馬式。在左腳向左橫跨步的同時，兩手轉腕，手背向前，兩臂慢慢向前、向上平舉至與肩同高，兩臂相距約與肩同寬，肘微下垂，兩手手指微屈，手心向下。接著隨兩腿下蹲為騎馬式的同時，兩掌輕輕下按，落至臍前兩旁。掌膝遙遙相對，肘尖下垂，掌心仍向下，微有膨脹感。似此定式後姿勢不動，調息凝神，意守丹田，用鼻輕輕呼吸。

初學時，時間不要多，定式後呼吸一、二次或二、三次即可，經過數日後，逐漸增加呼吸次數。感到兩腿酸困時，即將身體重心徐徐移至右腿站穩，左腳輕輕提起，先提腳跟，再提腳尖，收回與右腳並立，恢復預備式一開頭的姿勢，這是左式。

右式是右腳向右側方橫跨一大步，成騎馬式，其餘一切動作同左，不贅述。

此式動作配合呼吸時，可結合「真氣運行法」站式練功進行（詳見《真氣運行法》一書）。本書所有呼吸皆是自然呼吸，不要勉強憋氣。

第一組　起勢（懶紮衣），單鞭

1. 左式懶紮衣（圖4）

接預備式一開始姿勢，兩腿徐徐屈蹲，膝尖不過腳尖，體重慢慢移至右腿變實，左腳跟提起，腳尖點地，左腿變虛；在兩腿分清虛實的同時，兩臂微屈，兩手前移，置於胯旁，手背向上，手指朝前，微屈分開。

圖4

接著身體微向左轉，面向左斜角（四十五度斜角。以後所指的斜角皆為四十五度，不再另述）；同時，兩手向上朝胸前舉起，手指向上成立掌，左手在外，高與口平，右手在內，與心口齊平，手心均稍向前，沉肩垂

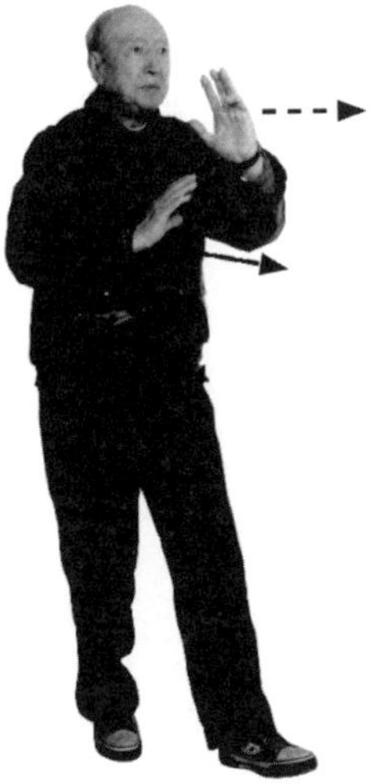

圖5

肘，眼向前平視，定式不動，做定式呼吸一、二次。

然後左腳向前邁出，腳尖蹺起，腳跟著地，左腿膝部放鬆微屈（兩腿仍為左虛右實），臀部似有坐意，小腹充實，定式不動，再自然呼吸一、二次（圖5）。

繼而右腳跟用蹬勁，使左腿前弓，腳掌落實踏平，兩腿變為左實右虛，成左弓步，膝尖不超過腳尖（以後這個動作，以「右腳跟蹬，左腿前弓，成左弓步」字句代替，以節省篇幅）；同

時，兩手隨右腳跟的蹬勁，由腿腰肩臂徐徐向前推出，手心仍稍向前，左手齊目，右手與胸平。兩手心手指似有膨脹感。定式不動，進行自然呼吸一、二次（圖6）。

然後，身體重心後移至右腿，站穩支持全身重量。左腿隨之收回，兩腳平行站立，如預備式一開始的姿態。在左腿收回的同時，兩手下落到與胯相平（在兩手下落時，注意兩肘不可超出背部），再繼續左右分開向上畫弧（此時吸氣。下同），立掌合於胸前，似有捧球之意（此時呼氣。下同），兩手高與口平，手心稍朝前，成開合式（圖7）。

圖6

圖7

2. 右式懶紥衣

動作向右，手腳與左式相反，不再重述。

3. 左單鞭式（圖8、圖9、圖10）

接上開合式，身體重心轉移到右腳變實，膝部放鬆微屈，左腳跟提起，腳尖點地，左腿變虛；同時，兩手隨動旋轉，手心相對，定式不動，做自然呼吸一、二次。

然後，身體微向左轉，面向左斜角，左腳向左前邁出一步，腳跟著地，腳尖蹺起，膝部放鬆微屈，定式不動，做自然呼吸一、二次。

繼而右腳跟蹬，左腿前弓，成左弓步；同時，兩手臂外旋向左右順腿分開，手指朝上，掌心向外，仍為立掌，左手齊目，右手齊口，沉肩垂肘，眼看左手前方，定式不動，自然呼吸一、二次。

然後，身體重心後移至右腿，支持全身重量，左腿收回，兩腿並立，

圖8

圖9

圖10

如預備式開始的姿態；在左腿收回的同時，兩手下落到兩胯旁（注意兩肘不要超過背部），再向左右分開，向上畫弧（此時吸氣），立掌合於胸前（此時呼氣），似有捧球之意。兩手高與口平，手心稍朝前，成開合式（以後每組最後式子都要做開合式，動作相似，為節簡起見，以「做開合式」四字代表說明，不再重述）。

4. 右單鞭式

動作向右，手腳與左式相反，不重述。

第二組　提手上勢，白鵝亮翅

1. 左式提手上勢

接上開合式，身體左轉，面向左斜角，左腳跟離地，腳尖點地，成右腿實，左腿虛；同時，兩手隨動，左手向下畫弧置於腹前，手指向上微向

圖11

前；右手向上畫弧舉起，手心向左，高與頭頂齊，定式不動，自然呼吸二、三次（圖11）。

2. 左式白鵝亮翅

接上式，左腳前邁，腳跟著地，腳尖上蹺，膝部微屈；同時，左手向外、向上畫弧提起，舉至額前上方，掌心翻向上，手指微向後；右手下落經臉前到胸前，掌心向前，手指向上，定式不動，自然呼吸一、二次。

繼而右腳跟蹬，左腿前弓，

成左弓步，膝尖不超過腳尖；同時，右手徐徐向前推出（上身不可前俯後仰），手高與胸齊，手心稍向前，左手掌微有上撐之意，定式不動，自然呼吸二、三次。

然後，身體重心後移至右腿，左腿徐徐收回，兩腿並立如預備式姿態，兩手下落，做開合式（圖12、圖13）。

3. 右式提手上勢、白鵝亮翅

同左式，唯方向相反，左右手腳亦調換，不另重述。

圖12

圖13

圖14

第三組 手揮琵琶，摟膝拗步

1. 左式手揮琵琶

接上開合式，身體微向左轉，體重落於右腿，左腳向前邁出，腳掌虛著地，成右實左虛步；同時，左手微向裏、向下再向前、向上畫弧挑起成立掌，高與口平；右手微向上再向裏、向下畫弧落至腹前，兩手心略向前，兩臂微有合勁，眼向前平視，定式不動，自然呼吸二、三次（圖14）。

2. 左式摟膝拗步

接上式，身體以腰為軸向右轉動；兩手隨動，右手自腹前向右後上方舉起，手心斜向上，眼看右手；左手亦向右橫屈落至右肩窩前，手心斜向下（此時吸氣）。

接著扭腰縮胯，身體左轉面向正前方，眼隨之向前平視；同時，左手以弧形路線從肩前落至腹前，右臂屈肘，右手收回至於右面頰旁，接近耳平，手指微屈，手心朝前。

繼而右腳跟蹬，左腿前弓，成左弓步（膝尖不過腳尖）；與此同時，左手下摟過左膝，置於左胯旁，手指朝前，手心朝下，微有按勁；右手則由耳旁向下、向前、向上徐徐推出（此時呼氣。上身不可前俯後仰），手指朝上，高與目齊，眼向前看。

然後，體重後移至右腿，左腿收回，兩腳平行並立，做開合式（圖15、圖16、圖17、圖18）。

圖15

圖16

圖17

圖18

3. 右式手揮琵琶、摟膝拗步

動作均同左式，惟左右手腳要調換。

第四組　左右踢腳

1. 左踢腳

身體微向左轉，體重移於右腿，左腳跟提起，腳尖點地，兩腿變為右實左虛；同時，兩手隨動，畫一小圈變為立掌，掌心相對於胸前。

接著腰身繼續向左轉，面向左斜角前方，繼而左膝提起（此時吸氣），以左腳尖向前、向上踢出，高與膝平（此時呼氣。如體力許可，可高與臍平）；同時，兩手轉腕向左右分開，左臂與左腿方向一致，左手高與左肩齊，右手略低於右肩。右腿不可站直，膝部微屈站穩支持全身重量，頭微有頂勁，身體保持端正，不可前俯後仰。

然後，左腿徐徐下落收回與右腿並立；同時，兩手亦下落於兩胯旁，

做開合式（圖19、圖20、圖21）。

圖19

圖20

圖21

2. 右踢腳

動作均同左式，惟手腳方向相反。

第五組　海底撈針，閃通臂

1. 右式海底撈針

身體微向左轉，體重移於右腿，膝部放鬆微屈站穩，左腳跟提起，兩腿變成左虛右實；同時，兩手隨動，右手向裏畫弧再向上提起至右耳旁，手心朝右臉頰，手指斜向下，左手向外畫弧落至腹前，手心朝右，手指向上，此時吸氣。

接著左腳稍向前移，腳尖點地，膝部放鬆微屈，成左虛步；同時，上身微向前俯，用腰勁使右手從右耳側順勢向前下方插下，指尖微感有勁指向前下方，手心朝左，左臂左手則向上穿與右臂交叉直至右臉頰旁，手心向右，此時呼氣。

圖22

圖23

要求俯身時，頭部仍保持正直，並有頂勁；眼隨右手向前下方注視（圖22、圖23）。

2. 左式閃通臂

上身慢慢直起，左腿提起向前邁步，左腳跟著地；右手隨之向上提起，此時吸氣。

繼而右腳跟蹬，左腿前弓，成左弓步，膝尖不過腳尖；同時，右掌經面前翻掌置於右額旁，手指朝左，手指稍朝前；左手則從右臉旁下落經胸前向前徐徐推出，掌心向前，手指向上高與鼻平，此時呼氣，眼順左手向前平視，然後身體後坐（即體重後移）；左腿收回與右腿並立，兩手下落於兩胯旁，做開合式（圖24、圖25a、圖25b）。

圖24

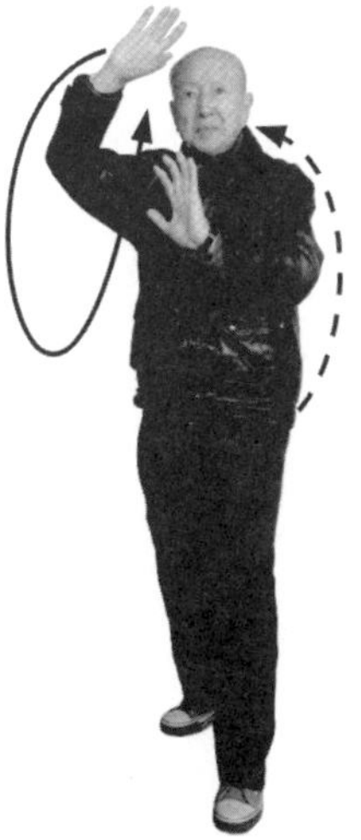

圖25a

圖25b

3. 左式海底撈針、右式閃通臂

動作同上兩式，惟手腳方向相反。

第六組　十字腿

1. 左式十字腿

身體微向左轉，體重移於右腿，膝部放鬆微屈站穩，左腳跟提起，腳尖著地，兩腿變成左虛右實；同時，兩手隨動畫一小立圓圈，變成立掌，兩手心相對於胸前。

接著左腿徐徐提起，左腳向前蹬出，腳尖向上，勁在腳跟；與此同時，手轉腕向左右分開，手心向外撐，手指向上，眼向腳蹬的方向平視。呼吸自然，提腿分手時吸氣，蹬腳及兩手外撐時呼氣。

然後，左腿徐徐下落，兩腿並立；同時，手也下落至兩胯旁，做開合式（圖26、圖27、圖28）。

圖26

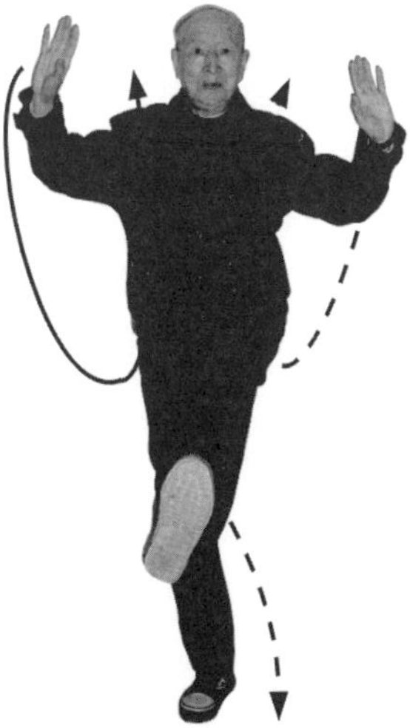

圖27

圖28

2. 右式十字腿

同左式，向前蹬出換為右腿。

第七組　搬攔捶，雙峰貫耳

1. 右式搬攔捶

身體微向右轉，重心移於右腿，左腳向左前方邁出，腳掌虛著地，兩腿變為右實左虛；同時，右手掌翻轉虛握拳畫弧置於右腰旁，拳心向上；同時，左手順勢屈肘橫置於右肩前成斜立掌。

繼而腰身左轉，面向正前方，左手繼續由右肩前向下、向左、向前畫弧搬攔，手心斜向前，手指斜向上；右拳則隨腰動而旋腕轉肘，拳心轉向左，拳眼向上，隨腰勁向前打出，高與胸平；左手繼續回搬，附於右小臂裏側。在右拳前打的同時，右腳跟蹬，左腿前弓，成左弓步（膝不過腳尖）。弓步、攔掌、打拳三者要協調一致。眼看右拳打出前方。呼吸

圖29

圖30

自然，在左手擺動、右手握拳時吸氣，左手搬攔、右拳打時呼氣（圖29、圖30）。

2. 左式雙峰貫耳

接上式，身體重心後移，兩腿變為右實左虛；同時，左掌右拳微微前伸變為仰掌，隨身體後坐徐徐下落經兩胯旁輕輕握拳，拳心向上，眼向前看。

繼而右腿蹬，左腿弓，體重前移成左弓步；同時，兩拳從兩腰側翻轉向上、向前畫弧至臉前

貫打，高與耳齊，兩拳相距約一頭寬，拳眼斜向胸，沉肩垂肘，兩臂似成鉗形。眼繼續向前看，呼吸自然，在體重後移兩手下落時吸氣，弓步貫打時呼氣。

然後，體重再後移，左腳收回與右腳並立，兩手下落，做開合式（圖31、圖32、圖33）。

3. 左式搬攔捶、右式雙峰貫耳

同上式，唯左右手腳動作相反。

第八組　高探馬，運手

1. 左式高探馬

身體微向右轉，體重移於右腿，左腿輕輕提起向左側橫跨一大步，體重落於兩腿，成騎馬式，腳尖裏扣，平行向前，鬆腰落胯，圓襠屈膝（騎

圖31

圖32

圖33

圖34

圖35

馬式的高低可因人而異，就是說體力強的，騎馬式可以坐低些；體力弱的可以坐高些）。在進行騎馬式的同時，右手自面前微向上再向右、向下畫一半圓形至腹前，手心朝上，手指朝左，似托球狀，左手則向下、向左、向上也畫一半圓形至胸前搓按，手心朝下，高與喉平，左右兩手上下相對（兩臂均呈圓形），面向正前方，眼向前看。呼吸自然，在兩臂畫圓時吸氣，右手上托左手搓按時呼氣（圖34、圖35）。

2. 左式運手

騎馬式不變，腰身徐徐向左旋轉，左右手也隨之向左運轉，左手臂運轉至左側時，手心已轉向外，手指向上，高與肩平；右手同時抄轉至左腰部附近，手心斜向上，與左肘遙遙相對，眼隨左手運轉看視（但不能看著手指，以防頭昏，應看手動的方向）。

接著，沉肩垂肘，左手下按，右手上升至左面前隨腰身向右運轉，經面前轉向右側，手心向外，手指向上，高與肩平；左手下按至左腰部附近後，也隨之向右經腹前抄轉至右腰部附近，手心斜向上，與右肘遙遙相對。眼隨右手運轉看視。依此同樣情況，腰身再回向左轉，左手上升經面前隨腰身轉動向左運轉；同時，右手下按也隨之經腹前抄轉至左腰部附近。眼的運轉看視也同上。呼吸自然，兩手運轉時吸氣，下按回轉時呼氣。在第二次向左運轉後，身體即向右回轉，重心移至右腿，左腿輕輕收回，與右腿並立；同時，左手下落，右手隨體轉向上、向右畫弧至右額與左手同時下落，做開合式（圖36、圖37、圖38）。

3. 右式高探馬、運手

同左式，唯手腳相反。

圖36

圖37

圖38

第九組　抱頭推山，十字手

1. 左式抱頭推山

身體微向右轉，重心移至右腿，左腳跟提起，腳尖著地，兩腿變為左虛右實；同時，兩手隨動，在面前畫一小立圓形成立掌，掌心相對，繼而兩手屈腕上提，手指下垂，掌心空虛，手腕提至頭部兩側，高與頂平，頭若懸頂，眼向前看，徐徐自然呼吸。

接著左腿輕輕提起向前邁出，腳跟著地，腳尖蹺起；同時，兩手從頭部兩側徐徐下捋，似捋鬍鬚狀，下捋至兩腰側前，徐徐呼氣；繼而右腳跟蹬，左腿前弓，成左弓步；兩手則隨腰腿勁向前推出，意似有推倒泰山之勢，呼氣綿綿，氣沉丹田。力由脊發，頭有頂勁，眼向前看。

然後，體重後移，右腿變實站穩，左腿輕輕收回與右腿並立；同時，兩手也收回下落至兩胯旁，做開合式（圖39、圖40、圖41）。

2. 右式抱頭推山

同左式，唯左弓步變為右弓步。

3. 左式十字手

身體腿腳不動，全身放鬆，意念集中想像面前似有一太極圖，兩手轉

圖39

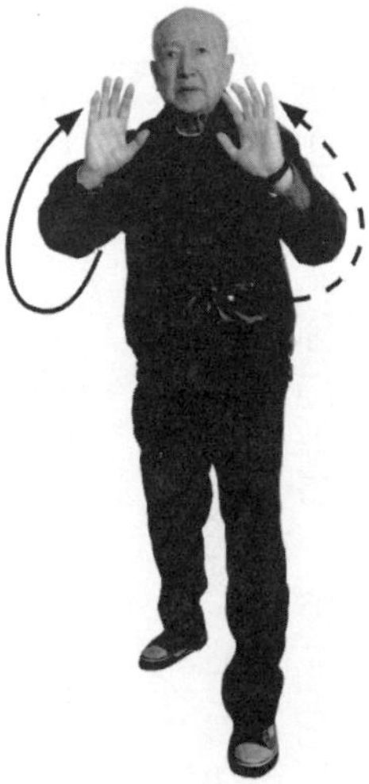

圖40

圖41

腕，手心略向外，順太極圖形邊緣向上、向左右分開各畫一大半圓到兩胯旁合攏至小腹前；兩小臂交叉上舉到喉頭前，兩手腕相交搭，左手在外，右手在內，頭額端正，百會上頂，眼光含蓄，順兩手交叉空間向前注視。呼吸自然，在兩手向上、向左右分開畫圓時吸氣，向下合攏上舉時呼氣（圖42、圖43）。

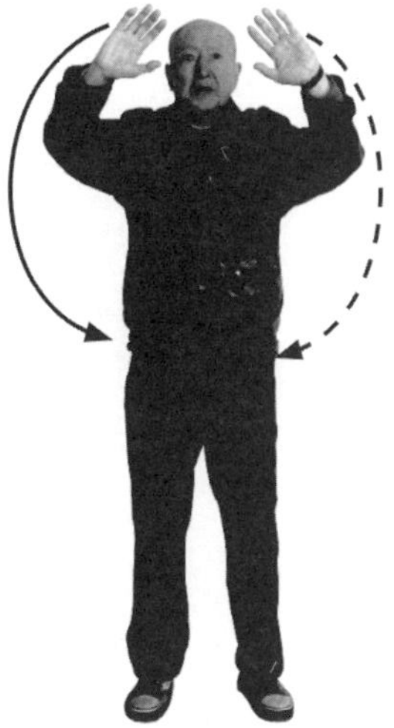

圖42

圖43

4. 右式十字手

同左式，唯兩手交叉時右手在外，左手在裏。

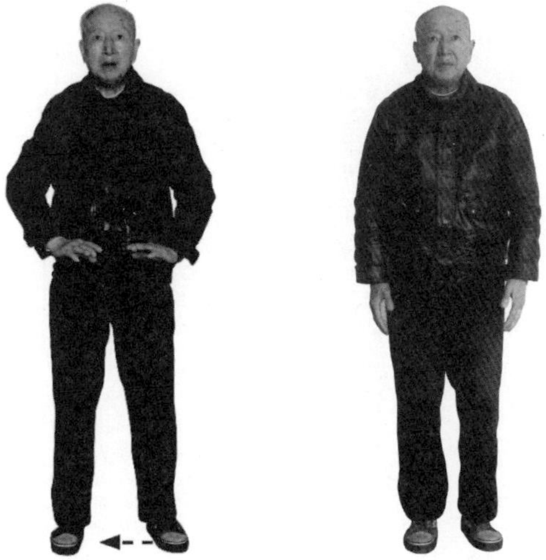

圖44　　圖45

合太極（收式）

接上式，最後一個十字手，兩手徐徐翻轉，微微向前撐，手心向下，順胸部輕輕下按至小腹部前（丹田），兩手向左右分開劃一小平圓形仍收回至丹田部位，意想丹田，氣沉丹田。略停片刻（約一分鐘），左腳收回與右腳並立，兩手也回到兩腿旁自然下垂，恢復預備式開始時的姿態（圖44、圖45）。

全部定式太極拳即告完畢。

第四章　鍛鍊要領和注意事項

1. 對鍛鍊身體要有正確的認識，既不要把它神秘化，也不要簡單化，這樣才能樹立堅強的信心，下定決心，持之以恆，堅持練功，收到預期效果。

2. 定式太極拳的要領和其他太極拳的要領一樣，就是要用意識引導動作，思想集中，排除雜念；注意放鬆，不用拙力；動作要上下相隨，周身協調；虛實分清，重心穩定；呼吸自然，不可勉強。

3. 做好練功前的準備工作，如：選好練功的場地，練功前要排除大小便，衣扣腰帶要鬆開，還要把工作、家務安排妥當，以免思想上有所牽掛，影響入靜。

4. 飲食起居要規律化、制度化，要做到「三戒五忌」，即：戒菸，

戒酒，戒辛辣；忌思慮過度，忌大怒，忌急躁，忌勞傷，忌驚恐，這些都能損傷真氣，使氣機紊亂，影響療效。

5. 練功要循序漸進，持之以恆，不可三天打魚，兩天曬網。每天練功，要以不感到勞累為度。

6. 練功期間要嚴禁性生活，即使病情好轉後也要有所節制，不可放縱。

定式太極拳簡便易行，作為真氣運行法的動功來說，它是動靜結合的，必須下工夫花氣力，學好、練好，堅持下去，既能治病，又能強身，更好地為「四化」建設貢獻自己的才智。

簡式太極拳

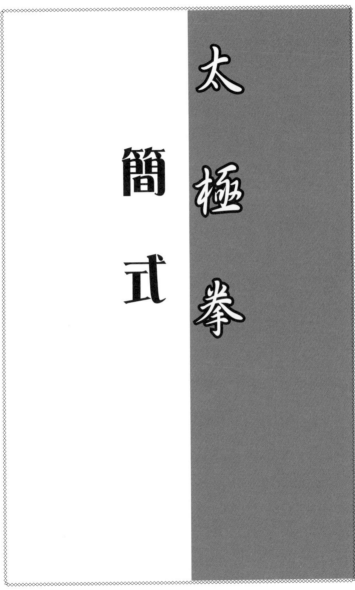

1. 起勢（三個動作）

圖1　起勢

2. 攬雀尾（八個動作）

圖2　攬雀尾(一)

圖3　攬雀尾(二)

圖4 攬雀尾(三)

圖5 攬雀尾(四)

圖6 攬雀尾(五)

圖7 攬雀尾(六)

3. 單鞭（四個動作）

圖8　單鞭(一)

圖9　單鞭(二)

4. 十字手（兩個動作）

圖10　十字手

5. 運手（兩個動作）

圖11 運手

6. 手揮琵琶，摟膝拗步（四個動作）

圖12 手揮琵琶

圖13 摟膝拗步

7. 高探馬，左右分腳（六個動作）

圖14　高探馬

圖15　左右分腳

8. 海底撈針，閃銅牌（六個動作）

圖16　海底撈針

圖17　閃銅牌

9. 倒攆猴，斜飛勢（六個動作）

圖18　倒攆猴(一)

圖19　倒攆猴(二)

圖20　斜飛式(一)

圖21　斜飛式(二)

10. 撇身捶，搬攔捶（六個動作）

圖22　撇身捶(一)

圖23　撇身捶(二)

圖24　搬攔捶(一)

圖25　搬攔捶(二)

圖26 搬攔捶(三)

圖27 搬攔捶(四)

11.左右頓腳，抱肘踢腳，雙風貫耳（六個動作）

圖28 左右頓腳

圖29 抱肘踢腳(一)

圖30　抱肘踢腳(二)

圖31　雙風貫耳

12. 玉女穿梭（八個動作）

圖32　玉女穿梭(一)

圖33　玉女穿梭(二)

13.下勢，金雞獨立（八個動作）

圖34　下勢

圖35　金雞獨立(一)

圖36　金雞獨立(二)

14. 上步七星，下步跨虎，十字擺蓮，彎弓射虎（八個動作）

圖37　上步七星

圖38　下步跨虎

圖39　十字擺蓮(一)

圖40　十字擺蓮(二)

圖41 十字擺蓮(三)

圖42 十字擺蓮(四)

圖43 彎弓射虎(一)

圖44 彎弓射虎(二)

圖45　收　勢

以上簡式太極十四節（前十節為第一部，後四節為第二部），共為二十五個式子。雖較原來全部拳架不足三分之一，實已包括太極拳中所有不同的式子。

前十節較為易學，全身肢體亦都已活動到。後四節較為複雜，但如無此四節，尚未能將太極拳的式子收全。所以分為兩部，以便各人自擇。或兩部俱學，或只學第一步，都無不可。

第十二節玉女穿梭，係向四角轉身，為便於認明方向，特列路線圖如左，箭頭所指，即是面對的方向。

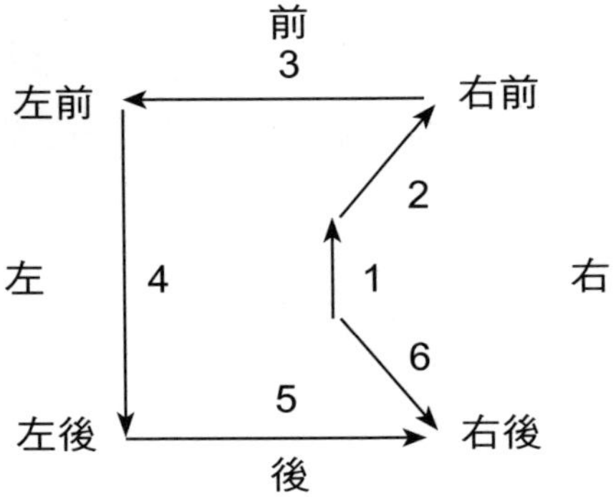

意氣功

前言

意氣功是健身療病的一種內功。這種練法，每次只要花一刻多鐘或二十分鐘時間就可以做完。一天做兩次即可。如果時間還不許可，就做一次也可以。因此，它最宜於工作繁忙的人。

這種練法是在靜坐中以意運氣。運氣又有規定的線路，不是從靜中產生的體內自發活動，所以很穩當，不至於出偏差。不一定要有人指導，可以依照本編的練法去做。

這種法門，是天津王竹林先生所傳述。我和這位王先生並不認識。憑我四十多年來做氣功的經驗看了他所著的《意氣功詳解》一書，確認這種法門對養身治病有一定的好處，因此據原書作了修改補充撰成此編。

這種功夫有人會當得沒什麼奇妙，而輕視它，這是不對的。果能持之

以恆，略不間斷，自有實效。原書的作者，已經鄭重地說過（原著功效全文分條附錄於本編之後），特別提出於此，以促起閱者的注意。

導讀

《意氣功》一書，是徐哲東先生根據自己四十多年練習氣功的經驗，以理論聯繫實際的方法對天津王竹林《意氣功詳解》一書進行辨證、修改、解釋和補充的成果，是對《意氣功詳解》原書的繼承和揚棄。

《意氣功》在徐哲東先生生前沒有出版，我們現在看到的本子是常州徐哲東孫徐肇建先生（徐哲東的長子為徐英煊，徐肇建為徐英煊次子）家中所藏的一個抄本。徐哲東先生武術方面的手稿，尤其是沒有出版過的手稿，大多已在「文化大革命」中散失，這個抄本能夠保存下來，不可不說是件幸事。可惜謄抄者除了在書稿最後留了文字附錄外沒有留下任何其他線索，其人其事，幾近無跡可尋。

此書因他謄抄得以保存，從附錄可以得知，他也是愛好武術、懂得武術和研究武術之人，他對《意氣功》一書的重視可從附錄的字裏行間看出

來。

《意氣功》一書，因為沒有出版過，所以讀者也許會有疑問。但是，筆者認為，該書為徐哲東先生所著無疑。

首先，徐哲東長女徐雲上在為「常州市政協學習與文史委員會」編寫的《常州名人傳記》所寫的《父親徐哲東生平事略》一文中就曾提到其父武術著述稿中有《意氣功》。

其次，根據徐肇建先生回憶，當年徐哲東先生從蘭州西北民族學院回常州養病時，曾有愛好武術的親友和先生研習過這個「意氣功」。

再次，《意氣功》「來歷」一文，對王竹林《意氣功詳解》敘述意氣功來源時引用「岳武穆在湯陰大佛寺廟讀書，方丈慈惠禪師傳授以此功」的故事引導人們崇信的做法進行了必要的辨證，而這個辨證我們可以從徐先生所撰《國技論略》一書中找到類似線索，辨證的過程我們也可以從《國技論略》和其他已出版的著作中看到類似結構。

另外，徐先生認定《易筋經》為偽造，《牛皋序》為偽作，並且認為這個偽作影響了王竹林，其論證過程和觀點也可與《國技論略》互證。

還有，據徐先生學生上海林子清老師回憶，他曾幫助徐先生收集過一些介紹西方生理學方面的著作，徐先生曾研究過生理學，並認為應當用現代生理學原理來解釋傳統氣功的功用。而《意氣功》「優點」部分「氣功的健身療病基本原理在使神經受到特定的訓練，主要是使大腦皮質進入安靜境界」等內容就是這種解釋的很好例證。綜合上述論據，筆者認為，《意氣功》一書確為徐哲東先生所著。

《意氣功》因是後人在一九六八年謄抄出來的，經歷了三十多年的磨難和時間的考驗，紙張和字跡已是「滿臉滄桑」，有些地方更是「字跡難辯」。好在「文化大革命」後常州徐家一直把先生僅存的少量書稿、先生所讀過的書籍、與先生相關的字畫及書信當成至寶加以保存，《意氣功》全書並無缺損。

筆者和夫人徐炘女士（徐肇建先生的女兒，徐哲東先生的曾孫女）一起反覆辨認，並和王竹林《意氣功詳解》原書進行比照，查閱相關武術和中醫資料進行校對，終於有了現在完整呈現在讀者面前的這個小本子。當然，即便進行了上述工作，編輯過程中，徐震文叢責任編輯在校對時還是發現了不少問題，他們認為徐哲東先生一生治學嚴謹，後人出版其著作，一定要本著實事求是、嚴謹確實的態度來做。為此，筆者再次對《意氣功》進行了仔細校對，並對編輯提出的疑問進行了逐一解答。

在這個過程中，我們得到了山東畫報出版社韓猛編輯和他的弟弟中醫韓虎先生的大力支持。在進一步校訂中，我們參閱了《針灸甲乙經》等中醫典籍，尤其對《意氣功》一書中提到的主要穴位點進行了確認。

二〇〇六年七月初，我們到上海林子清老師家中，和他探討出版《意氣功》事宜。溝通中，獲悉徐哲東先生的同門也是好友南京師範大學國學大師徐復先生尚在。七月二十四日，得悉徐復先生逝世。另悉，徐先生在武漢大學時的同事南京大學程千帆教授、復旦大學朱東潤教授也已去世，感慨良多。

程千帆先生曾在《桑榆憶往》第一篇「勞生志略」中提到徐哲東先生在中央大學做講師時，中文系邀請先生舞劍，先生欣然同意，舞步有力，長袍全身作響，英武非凡。

如今，先生已逝，先生的同事也已不在。面對先生同事著作等生，後世研究云集，而先生一身心血，不管是文學還是武學著作，有的在「文化大革命」中散失，有的尚未出版，出版的大陸再版的也不多，我們能不為先生一生坎坷而感慨？

徐哲東先生文武雙全，文學方面曾撰有《韓愈評傳》、《韓集論文》、《韓集詮訂》、《韓集詩文寫作年月考》、《韓昌黎南山詩評釋》、《談韓愈文學》、《柳宗元評傳》、《柳集詮訂》、《李習之年譜》、《李習之集札記》、《左傳箋記》、《左傳考論》、《春秋三傳述

事考信編》、《公羊權論》、《公羊箋記》、《左轂解難》、《轂梁箋記》，以及《太史西曆年考》、《屈宋韻略》、《屈賦論略》、《千字文注》、《中國文學史》、《古籍考訂錄》等學術著作。

章太炎先生在為徐先生《公羊權論》所做的題詞中說：「得足下參伍比考，發見隱匿，真如排雲霧而見青天矣」，「哲東心力精果，他日更能深求之否耶。」在安徽大學時，徐先生還有編寫清史的志向。可惜徐先生大部分學術文稿都在「文化大革命」「抄家」中散失，雖經查找，卻毫無著落。

「看書、寫稿、練拳」是徐哲東先生一生不輟的功課。他對武術抱「非博聞廣見，通曉各派，則不足以宣導」之旨，既有豐富的實踐經驗，又有精深的理論研究。他詳細考據武術源流歷史，是「武術家」、「武術史家」，更是精深的的「武術理論家」。他用考據文學古籍的辦法來整理傳統武術典籍，功夫精深，成績卓越，大有正本清源、提攜武學之功。

《意氣功》一書，其要點在於「辨證」、「解釋」、「修訂」、「補充」等幾個方面。

辨證方面，作者對王竹林引用曖昧不清的傳說來使讀者對意氣功產生信仰的做法做了詳細的辨證。首先是對故事本身的辨析，在證偽之後，先生也並不一概否定王氏的做法，而是「理解其苦心」，設身處地地為王氏此舉提出理由，並為現代人如何看待這個故事提出了正確的態度。這一辨證功夫師承章太炎先生，也來自徐先生對章太炎辨證方法的深刻理解，對古人生存境況的深刻認識。這對讀者更好地接近王竹林所傳的意氣功，無疑提供了一個科學而讓人信服的入口。

解釋方面，先生對意氣功的優點進行了詳細解釋，也對意氣功的功效進行了解釋，更對讀者在「從相反方向打通任督二脈」、「單獨練習氣功可能產生不良反應」等方面的顧慮進行了解釋，為練習者順利進入練習階段提供了一個「無所顧慮」的語境和深入理解的背景。

補充和修訂方面，先生根據自身練習氣功的實際經驗，對王氏意氣功進行了從練習時間、練習步驟、對意氣功要點的記憶到輔助練習方法等方面的詳細修訂和補充。這為練習者更好地掌握練習方法、把握練習時間、提高練習功效提供了許多新的內容和方法。

《意氣功》一書，雖然只有寥寥萬字，其中還有部分內容是對王竹林先生原書的抄錄；但是，就是這寥寥幾千解釋、說明、修訂和補充的文字，使一本《意氣功詳解》成了讀者可以很好接近和願意瞭解的讀物，使一門意氣功成為更多人願意和能夠練習的治病養生之正道。

筆者在整理《意氣功》的過程中，試著依照徐先生的要義開始練習「意氣功」，期間還研讀了先生所撰的《國技論略》、《太極拳發微》等著作，可謂獲益匪淺。

原本為失眠所困的筆者徹底擺脫了這一痼疾，在運氣練習過程中時刻感受到生命回歸的舒暢。在氣運吐納的過程中，對於像筆者一樣的現代人來講，先是對基本注意點的掌握，即使是僅在基本注意點的運行過程中，擺脫外界精神壓力和浮躁情緒的功效也已非常明顯。

如能堅持練習、深入理解，逐步達到對王竹林「意氣功」所有注意要點的把握，那麼對於身體健康、心理健康，以及對傳統人文的理解將有一種意想不到的幫助。

葛金華

擬於龍城西倉寓所

練功姿勢圖

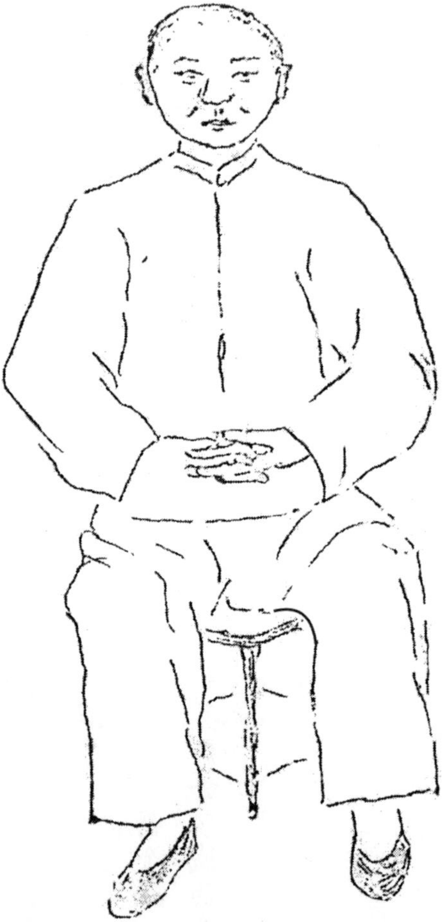

正面圖

側面圖

來歷

意氣功是天津王竹林傳述的一種健身治病法。竹林名賢賓，十四歲時忽傷於癆，飲食日減，體質日弱，多方治療，不能見效。後有一精於醫術的馮鵬舉為之診斷，認為非藥石所能治，乃授以意氣功，囑以百日內不可間斷。如法練之不知不期而病癒。以後定為日課，行持不輟，並以此口授戚友，不下數十百人，病者或弱若促徙者盈形堅強[1]。可見這一方法對健身與治病確有實效。

王氏於一九三一年春寫成《意氣功詳解》一書，到一九三二年出版。這時他已七十六歲了，身體還很健康，這就是不斷行持而獲益的明證。

王氏述意氣功之來源，云往昔者，宋岳武穆年幼在湯陰大佛寺讀書，體弱多病，方丈慈惠禪師傳授以此功，體健病消，後世因以流傳❷。這話沒有可靠的根據，相反的有關岳飛童年的記載，卻說他幼年就很有氣力。只有偽造的《易筋經》在偽作的《牛皋序》文中記載著有神僧見牛皋，自言岳飛曾從受學故有神力❸。慈惠禪師授岳飛以意氣功之說，大約是受到這個序文的影響而揑造的，我們不要相信這一傳說。

據我的推測，這種內功很可能是馮鵬舉所創造。他為要習者信受篤行，所以假託傳自岳飛，以引起信仰，這也是他的苦心。但在現時代要實事求是，符合科學精神，因此我們對此不確實的歷史應當辨證；同時，我們可以從學理和經驗上來肯定它，不要拉出個名人來引起信仰。

馮鵬舉以意氣功授王竹林時，他的年齡已有八十三歲，身體還是極健

❶ 引王竹林所撰《意氣功詳解》中《自序》。
❷ 同❶。
❸《易筋經》是明朝人所偽造。《牛皋序》與《易筋經》是同時偽造的東西。本人著的《易筋經疏證》一書有較詳的考證。

康，這也是久練得益的一個證據。

優點

氣功的健身療病基本原理在使神經受到特定的訓練，主要的是使大腦皮質進入安靜境界。這一安靜的境界，一方面使大腦皮質得到充分的休息，抑制對外部環境刺激的反應，儘量減少思維活動；另一方面讓大腦皮質對內部環境即內臟的活動自然而然地加強調節的作用，使全身器官的工作效率提高，反過來又增加各器官各組織本身養料的吸收，從而增進了整體健康，或者對衰弱有病的部分恢復壯健。

進入安靜境界的訓練有數息、隨息、深呼吸、守竅、觀想默念等方法，有臥、坐、站和導引等形式。在某一方法與某一形式的結合上，又是多種多樣的。

因此，在應用上就會有不同的情況出現。有的人產生幻想、錯覺、恐懼和疑惑，引起做氣功的毛病。

在劉貴珍著的《氣功療法實踐》中指出：「不論做內養功或強壯功，均應在富有經驗的醫師指導下去做，切忌盲目瞎練，以防造成弊害。」據我所耳聞目擊，確有些人練氣功出了毛病。所以，這事看似簡單易行，其實並不太容易。臨到有問題要解決得好，這就要憑有傳授經驗的人指導才行。

另外，有些情況是有人在靜坐中，雜念紛至，無法遏止；有人在醫療院中做得還好，出院之後，環境較差，心常掛念工作，放不下來，對氣功不能繼續守持；除此以外還有人希望經常做氣功保持健康，或者身體孱弱者希望轉弱為強，但又苦於工作繁忙，不能多花時間。

針對以上情況，尤其是對最後一種情況，意氣功是極為適用的。

現在把意氣功的優點分別說明如次：

一、形式簡易

氣功的形式，坐式用得最廣泛。坐式中有雙盤膝、單盤膝、兩足相交的自然盤膝，還有端坐在凳子上的一種。

意氣功規定的是端坐式，按照它的存想、氣在體內運行的線路，也只宜於端坐。端坐在各種靜坐形式中最為簡便，也不會有足麻腿疼等現象，全身肌肉容易放鬆。

二、方法靈活

意氣功用的是守竅和觀想相結合的方法，而行動時，則以觀想為主，守竅僅在開始和結束時一用之，但平常則又取意守丹田的方法。

王氏原著功效篇中說：「人常宜靜坐，燕居調心息氣。兩目垂簾，返光內照，降心火於丹田，使神氣相抱也。」可見整個意氣功運用的方法，既有集中精神的行動，又有隨時隨地養息的做法。這樣兩方面配合著做，確是運用的靈活，在各種靜坐法門中能夠擇要利用之。

用傳統的修煉法來說，隨時養息是修，專志行動是練。這種訓練，可以做到鬧中取靜不避煩囂，克服許多做氣功要選擇環境的困難。

三、容易掌握

守竅數息默念詞句等都是使意念專一、精神集中的手段，但有的人，還是打不退雜念，這就不能使大腦皮質得到休息或者休息得不好，對改進全身器官的效果也不大。意氣功運氣周行於全身，由重要的穴位來促進血脈的流暢，改善機體各組織與器官的功能，這是自主的內動。是受正常意識支配之內動，可以不致產生可驚可異的現象。

這種內動，正可使大腦皮質得到很好的休息；同時，這種意氣運行的本身就是推動全身器官加強工作的活動。因此，這一方法能使動與靜有把

握地統一起來，很自然地達到健身卻病的效果。

四、沒有流弊

在上一點中已經說到，做意氣功不致產生可驚可異的現象。據我的經驗，一般產生可驚可異的現象，總是坐的時間長達半點鐘以上，才會出現。只坐十幾分鐘二十幾分鐘，是不會有此現象的。意氣功全程完畢，至多只需二十分鐘，這就是不產生可驚可異現象的保證。既然沒有可驚可異現象，與之相應而產生之流弊，自然也不會有了。

從以上各點來看，意氣功，它確為穩當和最適宜於工作繁忙之人的一種內功練法。

修改與補充說明

意氣功雖然有上述的優點，我認為還有需要修改和補充之處。

第一點，原書規定的時間每做一次只限於十分鐘內，時間過於匆促，尤其是在開始與結束都有放長時間的必要。原定從入座起到集氣於心上結成球形，只用二分鐘時間，除非未入座之前，已經做好屏除雜念安定心神的準備，才能在兩分鐘內精神集中，否則時間太少了，應該把時間放長到四分鐘左右。即使兩分鐘內精神已經集中、球形已顯得分明，多定靜些時候，也只有好處沒有壞處。集氣到五、六分鐘，那就可以以意運氣，不必再管球成與否。在這種情況下，可能還有雜念，那麼，我就從意氣運行中來戰勝它（雜念）。經過若干次的觀想，精神逐漸凝聚，即大腦中的條件反射終於形成，球形自然會顯現的（不顯現關係也不大）。至於全身行氣，原定六分鐘，應放長到八分鐘或十分鐘左右。最後結束時間原書定為二分鐘，應當放長為四、五分鐘。總的時間應該是十六分鐘或二十分鐘左右，這才可以做得更加舒暢，才能使作用加強，見效加速。

第二點，原書中說到，每天做的次數是「早晚按時修習，或只清晨一次」。在無病者為保健計，兩次也夠了，忙時只做一次也可以。至於療養院中用以治病，還可根據病員的情況增加次數與時間，由指導醫師酌定。

第三點，原書中所指出的注意點有六十四個，內包含六十個穴道。除開心、咽喉、左右第三足趾此四處不是穴位，還有兩上肢、兩下肢的重複穴位外，總計有四十個穴道名稱，要完全記住是有些困難的。

原書中也說到，由於記憶穴位的困難，有人「練習數十日畏難中輟」。為了解決這個問題，原書著者做了快捷方式歌三章。其中第二章《六要穴歌》把六十四個注意點縮減為九個，並指出修習的程式，要「將《意氣功詳解》之自序、發端、課程、功效、通篇反覆細閱，了然於胸中，再將快捷方式歌訣讀之純熟方可入手。

「每日先按歌訣練習」，「習至熟練無阻時，再照詳解所載心上聚氣，結球意想，氣隨按穴經過，注意補習」再加上一張「意氣運行線路圖」，並在練法篇中把運行全程分為七條一路，以此為綱，貫穿六十四個注意點。修習者可先記住這七條線路，即可行功，然後依次按各條線路所經的穴位逐漸記牢，再加注意。可能全部注意記憶還有困難，則可先記住九個要點（其中包括六要穴），也能有一定的功效。

第四點，關於端坐的姿勢，原書說得較簡單，現在加上些補充說明（另詳於練法篇中，這裏不再具述）。

第五點，原書中曾說到調心息氣，返光內照，在上篇中已引述，但原書沒有明確指出，以此與意氣運行之功相結合。現錄《修齡要旨》❶所述的隨時隨地養息的方法來補充，可以加強意氣功的功效，亦具詳於練法篇中。

❶《修齡要旨》舊傳明洪武年間人冷謙撰。

練法

一、準備

練功一般是早晚兩次。早晨起身後，先不梳洗，以淡鹽湯漱口，除口中濁氣，然後開始行功。晚間亦宜，於行功前漱口，在就寢前行之或晚餐後隔一小時行之。如只做一次，以早晨為宜。

二、行功

行功分三段。

第一段，入座聚氣。

第二段，意氣運行。

第三段，結束活動。

第一段　入座聚氣

開始行功，先端坐於椅子或凳子上，以兩腿能平為合適。凳椅嫌高，可用木板等物墊於腳下；凳椅嫌低，可用被褥等物墊高，務使兩大腿能平。兩小腿都要直，兩足趾略向內，足底踏平，頭正項豎，背部拔直，臀部內收，胸肩下沉，腹部上翻，兩手交叉置於腹部氣海之前，全身肌肉要鬆。然後閉目凝神合口，以鼻呼吸各三次。再開目平視，舌微抵上腭。

略過片時，專心一志，想周身之氣團聚心上，結成一球。

以上一段時間，要控制在四分或五分鐘左右。

第二段　意氣運行

承上，意想氣結成球之後（如未能意想成球，覺有氣凝集亦可），即

想此球由心起行，而行的路線分述如次：

1. 由心上行至腦頂。

過程注意點

(1) 起點——心；(2) 內喉；(3) 上腭（齦交）；(4) 人中（水溝）；(5) 鼻準（素）；(6) 天庭（神庭）；(7) 腦頂（百會）。

2. 由腦頂沿背脊下行到身下臀根。

過程注意點

(8) 腦後（風府）；(9) 脊梁（大椎）；(10) 腰腧（腰腧）；(11) 尾閭（長強）；(12) 臀根（會陰）。

3. 由臀根向左，到左腿外側下行，經足背及五趾，轉到足心；向上轉左腿裏側，上行，到臍下三寸處關元。

過程注意點

(13) 大腿外側（伏兔）；(14) 小腿內側（三里）；(15) 足背（衝陽）；(16)

大趾端（大敦）；(17)二趾端（厲兌、內庭）；(18)三趾端；(19)四趾端（竅陰）；(20)五趾端（至陰通谷）；(21)足心（湧泉）；(22)小腿內側（三陰交）；(23)大腿內側（箕門）；(24)關元（關元）。

4.由關元向右，到右腿外側，下行，經足背及五趾，轉到足心；向上轉右腿裏側，上行，到臍下一寸五分處氣海。

過程注意點

(25)大腿外側（伏兔）；(26)小腿內側（三里）；(27)足背（衝陽）；(28)大趾端（大敦）；(29)二趾端（厲兌、內庭）；(30)三趾端；(31)四趾端（竅陰）；(32)五趾端（至陰通谷）；(33)足心（湧泉）；(34)小腿內側（三陰交）；(35)大腿內側（箕門）；(36)氣海（氣海）。

5.由氣海上行過左乳，到左膀外側，下行，經手背及五指，轉手心；向上經左膀裏側，到臍上五寸上脘。

過程注意點

(37)乳中（乳中）；(38)膀外側（肩）；(39)肘外側（曲池）；(40)手背（中渚）；(41)大指端（少商）；(42)二指端（商陽）；(43)三指端（中衝）；(44)四指端（關衝）；(45)五指端（少澤）；(46)手心（勞宮）；(47)腕裏側（列缺）；(48)膀裏側（雲門）；(49)胃脘（上脘）。

6. 由胃脘右行過右乳，到右膀外側。下行，經手背及五指，轉手心，向上，經右膀裏側，到頸下結喉，再上到舌心。

過程注意點

(50)乳中（乳中）；(51)膀外側（肩）；(52)肘外側（曲池）；(53)手背（中渚）；(54)大指端（少商）；(55)二指端（商陽）；(56)三指端（中衝）；(57)四指端（關衝）；(58)五指端（少澤）；(59)手心（勞宮）；(60)腕裏側（列缺）；(61)膀裏側（雲門）；(62)廉泉（廉泉）；(63)承漿（承漿）；(64)舌心（聚泉）。

7. 由舌心下行回到心部（仍經承漿、聚泉而下，但不需注意）。

以上一段時間，要控制在八分鐘或十分鐘左右。

第三段　結束活動

意氣周身運行畢，此時口中津液已滿，切勿即時咽下，並將舌放平，叩齒三十六遍（要叩得有聲），然後把津液一口咽下，再合口，以鼻呼吸三次。

定靜片刻。

起立，雙手下垂，向前徐行七步為一次，往來七次，功畢。

以上一段時間，要控制在四分鐘或五分鐘左右。總計自始至終約為十六分鐘或二十分鐘。

三、記六要穴的簡捷法

原書為便於修習者記憶，曾把行功中第二段意氣運行壓縮為六要穴，

成《六要穴歌》。原文如次：

心起行喉轉臀根

自心起運氣轉到臀根（注意一分鐘）。

臀根向左繞關元

由臀根運氣繞到關元（注意一分鐘）。

關元向右回氣海

由關元運氣回到氣海（注意一分鐘）。

氣海左乳脘中原

由氣海運氣左到脘中（注意一分鐘）。

脘中右乳廉泉穴

由脘中運氣右到廉泉（注意一分鐘）。

廉泉回心返本源

由廉泉運氣回到心部（注意一分鐘）。

這一歌訣所指出的注意點有心、咽喉、臀根、關元、氣海、左乳、脘中、右乳、廉泉九處，但心與咽喉是不作穴道標的。左右乳雖有兩處，而穴名相同，所以，稱為六要訣歌。

前面提出的七條經路綱要比這六要穴歌更為明瞭易記，但這歌仍可輔助記憶，故並存之。如果行功時按此歌訣只用六分鐘時間，則第一、第三段各用五分鐘，即使「入座閉目凝神」時與結束中「定靜片刻」時稍久一些，總的時間仍不過十六分鐘。

四、輔助行功法

凝神存想丹田，呼吸任其自然，此法隨時可行。坐定時為之，只須留手腹股上（或以四指包大指握拳，虎口朝上，置股上），目輕閉，內照丹田，舌抵上腭或聽其自然均可。時間從幾分鐘到十幾分鐘均可，不超過十五分鐘。疲乏時以此作休息，可使精神復振。臥時為之，若仰臥，則兩手

握拳，兩臂伸直置於身兩側，兩足亦伸直與肩寬度相等；若側臥，手則下面一手彎置枕上，掌心向上，上面一掌覆置股上，足則兩腿相迭皆半屈。若臥時離食時較近，勿將左體側在下面，以免胃部受壓，不利於消化。

輔助行功法，於臥時行之，易於入睡。對於患失眠者，尤為有益，不必拘泥於舊說，以為入睡即是昏沉，須知當就寢時，正欲其臥，即能睡耳。如中夜醒時不能遂寐，行功不久，便可再寐；如或不寐，可繼續行功。

五、行功應注意的各端

行功在室內，勿令風入侵肌，致患感冒。空氣不潔處，不可行功。急風暴雨，不宜行功。行意氣功時，要防止有人干擾。行內照養息時，則隨時可行可止，不怕干擾。雖在稠人廣坐中，亦可於鬧中取靜，靜息片刻時，以此鍛鍊大腦皮質的自我控制能力。

意氣功的線路與經穴功效說

意氣功循行之注意點雖共有六十四處，但其中四肢的穴位是左右相同的。又一心二咽喉三節三趾端俱非穴道，故不同名稱之穴實只四十而已。茲將意氣循行的注意點、穴位及其所屬之經絡，並將王竹林原著《預消疾病之功效》移錄於各分條之下。

列述如次：

1. 心

心乃一身主宰，生死路頭，心生則種種欲生，心靜則種種欲靜。故人常宜靜坐，燕居調心息氣，兩目垂簾，返光內照，降心火於丹田，使神氣相抱也。關係半身不遂、心氣恍惚、狂走健忘、欬吐血、語泣悲，小兒心氣不足、數歲不語等症。

2. 咽 喉

內喉即喉嚨，關係喉痹乾燥、咽喉腫痛、喉喘不能言、水粒不下等症。

3. 上腭（督）

口中上腭中間為「齦交穴」㈠，關係鼻中蝕瘡、面赤心煩、牙疳腫痛、寒暑瘟疫等症。

4. 人中（督）

人中為「水溝穴」㈡，關係消渴、飲水無度、水氣遍身浮腫、癲癇、哭笑無常等症。

5. 鼻準（督）

鼻柱上端為「素髎穴」㈢，與肺經相表裏。關係鼻中多涕、生瘡、鼻衄等症。

6. **天庭**（督）

鼻上髮際五分為「神庭穴」㈣，關係癲狂、目上視不識人、頭風目眩、鼻出清涕、驚悸等症。

7. **腦頂**（督）

頂中為「百會穴」㈤，關係中風口禁、心神恍惚、風癇言語不擇、頭痛目眩等症。

8. **腦後**（督）

腦後髮際一寸為「風府穴」㈥，關係中風、身重、項不得轉、咽喉疼痛、傷寒等症。

9. **脊梁骨**（督）

脊骨第一節為「大椎穴」㈦，以下關係肺脹脇滿、嘔吐上氣、五勞七傷、結胸等症。

10. 腰腧（督）

左右腰間為「腰腧穴」(八)，二十一椎下宛宛中，關係腰胯疼痛、不得俯仰、婦人月經不調等症。

11. 尾閭（督）

脊骶骨端為「長強穴」(九)，關係腸風痔痛、腰脊疼痛、大小便秘、頭重洞泄等症。

12. 腎根（任）

囊底兩陰之間為「會陰穴」(十)，關係穀道搔癢、久痔相通、陰症頭痛及女子月經失時等症。

13. 左大腿外踝（陽明胃）

膝上六寸為「伏兔穴」(十一)，關係風癆痺逆、手足攣縮、膝寒不仁、股內筋絡不屈伸等症。

14. **左小腿外踝**（陽明胃）

膝下三寸為「三里穴」(十二)，關係胃中虛寒、腹有逆氣、腸如雷鳴、膝胻痛等症。

15. **左足背**（陽明胃）

足跗上五寸為「衝陽穴」(十三)，關係到足跗腫痛、肚腹堅大、不嗜飲食、登高而歌、棄衣而走等症。

16. **左足大趾**（厥陰肝）

足大趾端為「大敦穴」(十四)，關係五淋疝氣、小腹疼痛、喜寐以及陰中一切等症。

17. **左足第二趾**（陽明胃）

趾端為「厲兌、內庭二穴」(十五)、(十六)，關係口禁水腫、寒瘧好臥、四肢厥逆、肚腹脹滿等症。

18. **左足三趾**

此趾無穴，故不通經絡，以意行氣時，亦要行到。

19. **左足四趾**（少陽膽）

趾端為「竅陰穴」(十七)，關係脇痛、欬逆、手足煩熱、舌強口乾、癰疽頭痛等症。

20. **左足五趾**（太陽膀胱）

趾端為「至陰、通谷兩穴」(十八)、(十九)，關係目翳鼻塞、轉筋寒瘧、目眩善驚、傷寒無汗等症。

21. **左足心**（少陰腎）

足心為「湧泉穴」(二十)，關係左右腿痛、善恐惕惕、咽腫舌乾、上氣心煩、一切熱疾等症。

22. **左小腿裏踝**（太陰脾）

內踝上三寸為「三陰交穴」(三)，關係脾胃虛弱、心腹脹滿、腎肝脾三經發現等症。

23. 左大腿裏踝

陰股內，魚腹上，越筋間為「箕門穴」㈢，關係氣逆腹脹、小便不通等症。

24. 關元（任）

臍下三寸為「關元穴」㈢，關係臍下絞痛、遺精白濁、五淋賁豚、積冷虛乏等症。

（二五至三五）自右大腿外踝至大腿裏踝，穴位自（十三）至（二十三）都相同。

36. 氣海（任）

臍下一寸五分為「氣海穴」㈣，男子生氣之海，婦人生育之關，關係氣憊氣喘等症。

37. **左乳中**（陽明胃）

當乳正中為「乳中穴」㊄，關係乳中結核、乳癰乳癧以及婦人膈有滯痰、乳汁不通等症。

38. **左膀外側**（陽明大腸）

肩端上兩骨間為「肩髃穴」㊅，關係筋骨無力、肩臂疼痛、風熱隱疹、顏色枯焦等症。

39. **左肘外側**（陽明大腸）

肘下輔骨曲肘橫紋頭為「曲池穴」㊆，關係手臂紅腫、邪氣傷寒、皮脫作癢、婦人月經不調等症。

40. **左手背**（少陰三焦）

四指本節後陷中為「中渚穴」㊇，關係熱證、頭痛、目眩、耳聾、肘臂手指疼痛等症。

41. 左手大指（太陰肺）

手指端為「少商穴」(二九)，關係頷腫咽閉、汗出而寒、欬逆痰瘧、寒熱鼓頷、咽中閉塞、水粒不下等症。

42. 左手二指（陽明大腸）

指端內側為「商陽穴」(三十)，關係胸中氣滿、欬嗽肢腫、口乾耳聾、齒痛惡寒等症。

43. 左手三指（厥陰心包絡）

指端為「中衝穴」(三一)，關係熱病煩悶、汗不得出、身熱如火、心痛煩滿舌強等症。

44. 左手四指（少陽三焦）

指端為「關衝穴」(三二)，關係咽閉舌捲、頭痛霍亂、胸中氣逆、臂肘痛不可舉等症。

45. 左手五指（太陽小腸）

指端為「少澤穴」(三三)，關係諸瘧寒熱、心煩口乾、咳嗽無汗、目生雲翳覆瞳子等症。

46. 左手心（厥陰心包絡）

掌中心為「勞宮穴」(三四)，關係中風善怒、大小便血、口中腥臭、胸脹脇滿，飲食不下等症。

47. 左腕裏側（太陰肺）

腕側上一寸五分，兩手交叉食指盡處，為「列缺穴」(三五)，關係四肢癱腫、溺血遺精等症。

48. 左膀裏側（太陰肺）

巨骨下為「雲門穴」(三六)，關係胸脇氣短、欬逆不息、臂痛不舉、癭氣結聚等症。

49. 上脘（任）

一名「胃脘穴」㊂㊆，臍上五寸，關係水食不化、霍亂吐瀉、腹氣脹滿、心忪驚悸等症。

（五十至六一）自右乳中至右膀裏側，穴位自（二五）至（三六）都相同。

62. 廉泉（任）

項下結喉中間為「廉泉穴」㊂㊇，亦名舌本穴，關係欬嗽、吐氣、喘急嘔沫、舌根縮急等症。

63. 承漿（任）

唇稜下陷中為「承漿穴」㊂㊈，關係偏風、口齒疳蝕、暴喑不言、面腫消渴等症。

64. 舌　心

舌中心有縫為「聚泉穴」㊃㊉，關係舌苔舌強、口內生瘡、骨槽風、重

舌腫脹、熱極難言等症。

從上述中可見存想氣所經行的路線，以及於十四經脈（十二正經與奇經任督二脈），並達到四十多個能夠防止許多疾病或治療疾病的穴位或注意點。這樣注意一次就能使全身經絡都得到活動，這就能夠有力地改進循環消化系統的機能，使新陳代謝作用旺盛，從而使各器官各組織改進或恢復健康。這是意氣功的強身療病作用的原理。

一般練氣之術都是由存想丹田，用深細均和的呼吸來打通任督脈。氣所經行的道路是循任下行，循督上行，運行一周，稱為小周天。意氣功卻不然，乃從心為起點意想氣所結成之球上升腦頂（百會穴）即轉向下行，通過督脈，轉到任脈，再旁達四肢，其行經任脈卻是節節向上的，這和向來流傳的小周天運行的方向相反。有人對此會有懷疑，其實不必懷疑，特說明如次：

第一，王竹林做這種功夫做了六十來年，從他學而有效的人數十百人之多（見王氏自序），可以從事實上證明，意氣功運行的路線，對健身療病是有效的。

第二，清末太極拳大師李亦畬著的《太極拳五字訣》中說：「胡能氣由脊發。氣向下沉，由兩肩收於脊骨，注於腰間，此氣之由上而下也，謂之合。由腰形於脊骨，布於兩膊，施於手指，此氣之由下而上也，謂之開。合便是收，開即是放，懂得開合，便知陰陽。到此地位，工用一日，技精一日。」（見《神聚》篇，即五字訣的「神聚」）這是氣循督脈，時上時下。李氏固為技擊說法，但太極拳的運動是把技擊與健身的作用結合在一起的，所以，這樣時上時下循督行氣，不僅有利於技擊術，對健身也是有利的。

第三，劉貴珍所著的《氣功療法實踐》中說：「過去有人說：『任督一通，百病消除』是不可靠的。氣功治癒的病人很多未曾通了任督兩脈，

但有通了任督兩脈的，病人仍不痊癒。」文中所說通了任督二脈仍未痊癒的病人，是否真已通了任督，還可研究。可是「任督一通，百病消除」這話也還可以研究。因此，對任降督升的舊傳也不是絕對要遵從的，而是可以變通的。

以上各點，可以說明意氣功運行的路線，雖與一般道家傳授的不同，但促進血脈流暢，改善生理機制不需懷疑。

運行注意點（穴位）部位圖

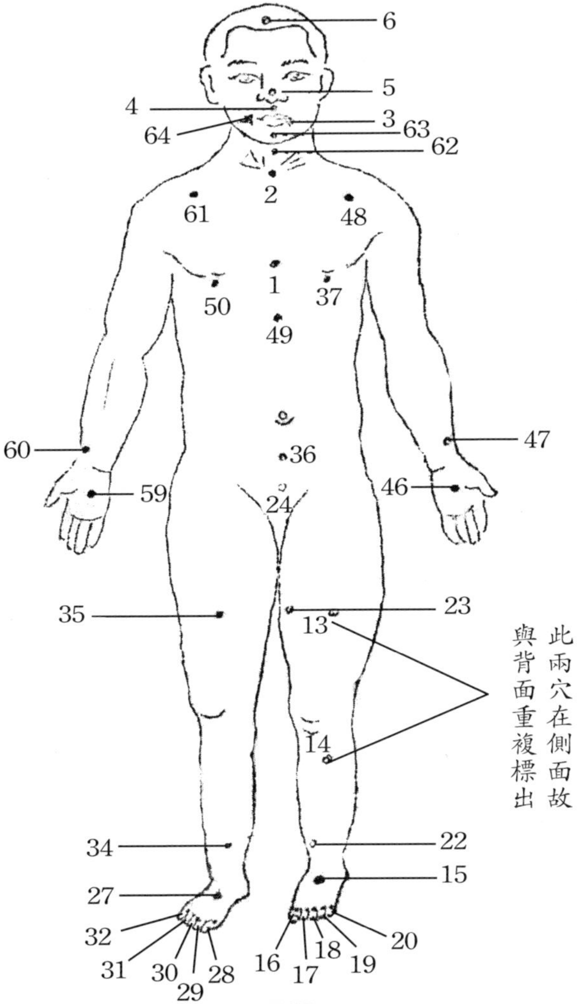

正面圖

穴位和部位名稱均按所標次序在前面本編內對照檢查

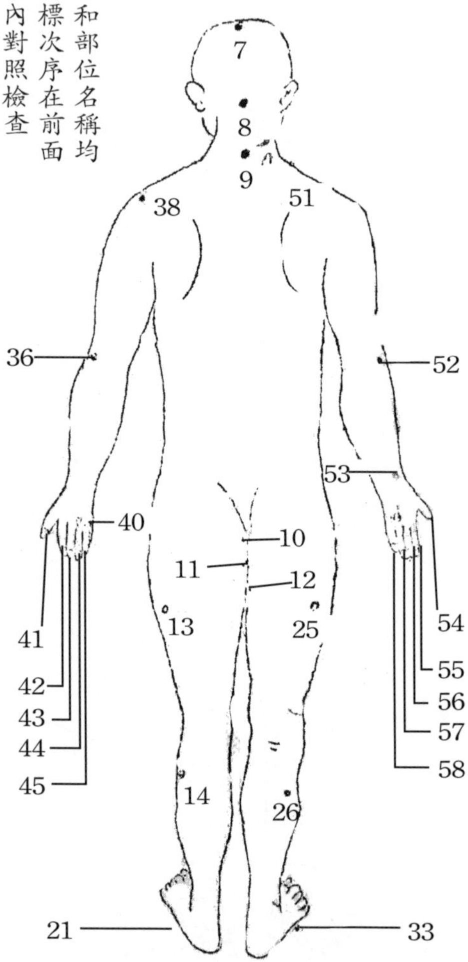

背面圖

運行路線部位圖

(一) 百會穴

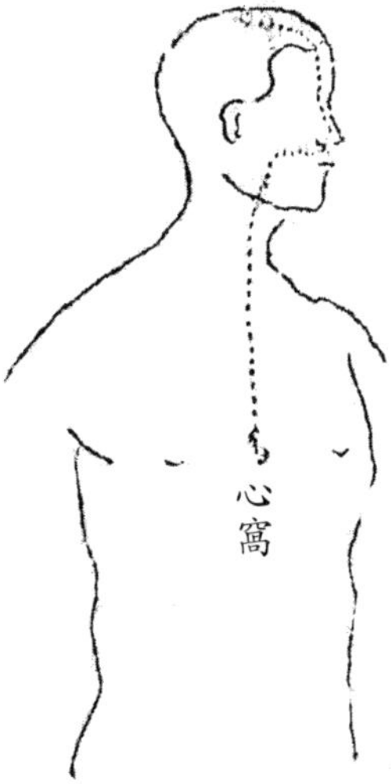

由心窩上行至百會穴

(二)百會穴

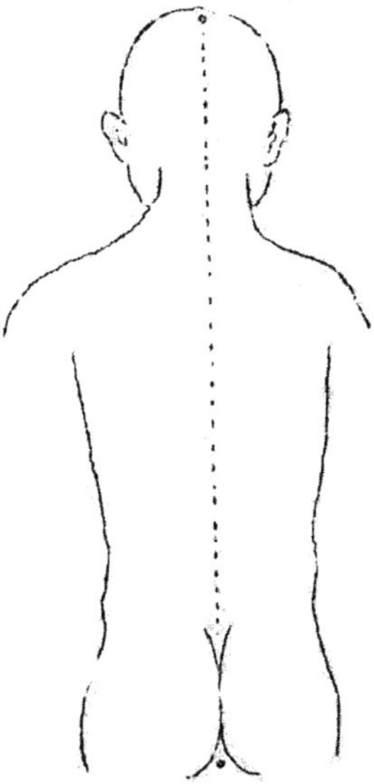

由百會穴下行至會陰穴

(三)

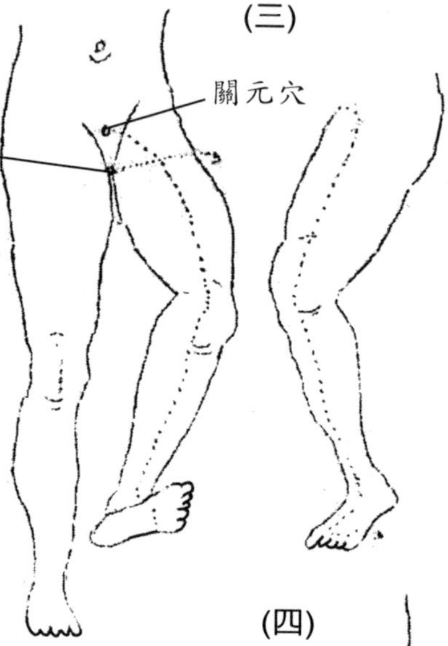

由會陰穴向左足外側繞裡側回至關元穴

向兩足大腿外側邊進時，均由中間推進

(四)

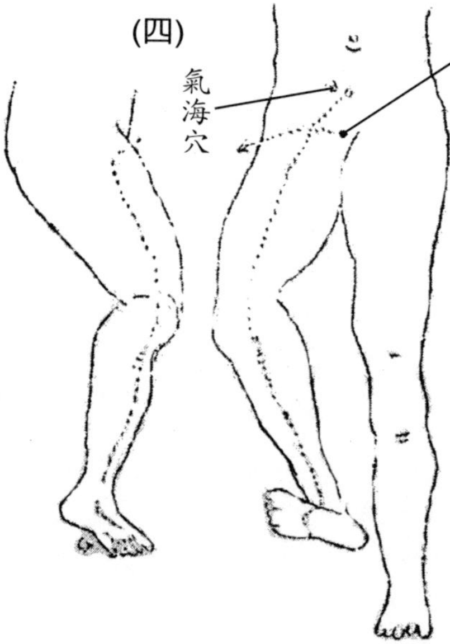

由關元穴向右足外側繞裡側回至氣海穴

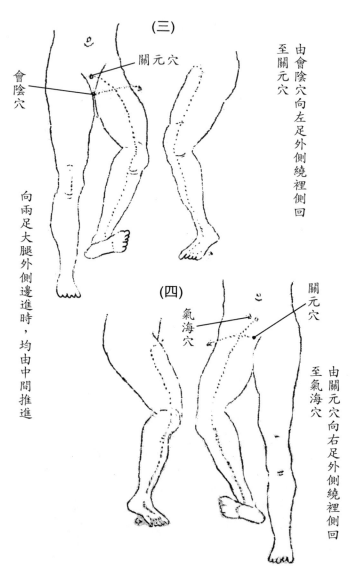

附錄

徐哲東先生於一九六七年十月逝世，生前對文學和武術等多有著述，現將其意氣功遺稿謄寫出來，以供愛好養生鍛鍊的同好參考。

意氣功是天津王竹林先生所介紹的練功祛病的方法，其由來和詳細練法，哲東先生已在本編內說明。由於這一練功方法，是採用經絡學說，把意氣集中在經絡穴位間運行，有實際的物質基礎，不致循入神秘玄虛的幻境，而且練功的時間極短，對於療病和祛病養身的功效卻很顯著，確是一個精簡的方法。因此，特再提出來介紹。

一、意氣運行的開始，原著要意想周身之氣團聚心上結成一球。有些人覺得聚不起球來是否可以運行呢？徐哲東先生已在本編內說明：「如未能意想成球，覺有氣凝集亦可」，所以不必勉強追求結球。如果練習一段

時間，還沒有結球的感覺，也不必畏難灰心，因為不結球，也可以起療病的功效。

二、意氣運行列舉六十四處穴位，是否須熟記穴位後再進行練功呢。熟記這許多穴位是一個很大負擔，王竹林原著中《六要穴歌》和徐哲東在本編內所提出的七條運行路線，是比較容易熟記的。練功的開始，應該採取這些簡捷方法。在王竹林自序中，十四歲由馮鵬舉授此功百日見效，我想當時所授僅是六要穴間的簡捷運行方法。其他穴位，或為以後續向馮請益，或為王竹林鍛鍊六十年中，自己體會的積累，所以我覺得鍛鍊此功，只需按六要穴和七條運行路線進行。至於列舉的穴位對患慢性病或患長期性疾病的人，可在本編穴位的功效篇內對照檢查，選擇相應穴位，增加運行時的注意點，來加速療效。

三、意氣功的鍛鍊和其他氣功不同的注意部位是不單純在任督兩經脈運行，而是推向手足四肢，手足四肢是十二常經的井、滎、俞、原、經、合等重要穴位所在，所以能夠簡潔地發生功效。原著所介紹的運行路線，手足外側是循著手足陽明經，內側循著手足太陰經來運行的，可是足部是與經絡運行方向一致的，手部則與經絡運行方向相反。按經絡學說，順著經絡運行方向為補，逆著為瀉，這項鍛鍊方法，似乎沒有上瀉下補的需要。因此，我覺得鵬舉原始所授的練功方法，是球形立體式向四肢推進（不是線條式或平面式），可以推行四肢的十二常經，所以在手足部不必強求穴位。如果循環著手足部的經絡穴位運行，則向上肢運行時，由內側循手太陰經至掌心，再轉五指，回至手背，循手陽明經上行。這樣順著經絡運行方向運行亦無不可。總之我認為鍛鍊此功，應該按六要穴和七條運行路線運行，不必太繁雜。

四、王竹林原著功效篇，足第三趾說明：「此趾無穴，故不通經絡」，不通經絡欠妥，應刪去。因為經絡運行周身，經過而無穴位處很多，不能說無穴位就不通經絡。例如，日本人長濱善夫氏對第三足趾端穴

位就稱為第二厲兌穴。

又同篇內說：「巨骨下為雲門穴」，亦是錯誤，按巨骨穴在肩上內側叉骨❶間，雲門穴在鎖骨外端下凹陷中，距中行❷任脈六寸，所以不能說在巨骨下，應改為鎖骨外端下。

五、婦女習練此功，應在運行推向四肢時，先向右肢再轉左肢，經過穴位相同。

一九六八年三月謄抄後略述

❶《針灸甲乙經》：「巨骨，在肩端上行兩叉骨間陷者中。」

❷意為距離居中而行的任脈六寸。

歡迎至本公司購買書籍

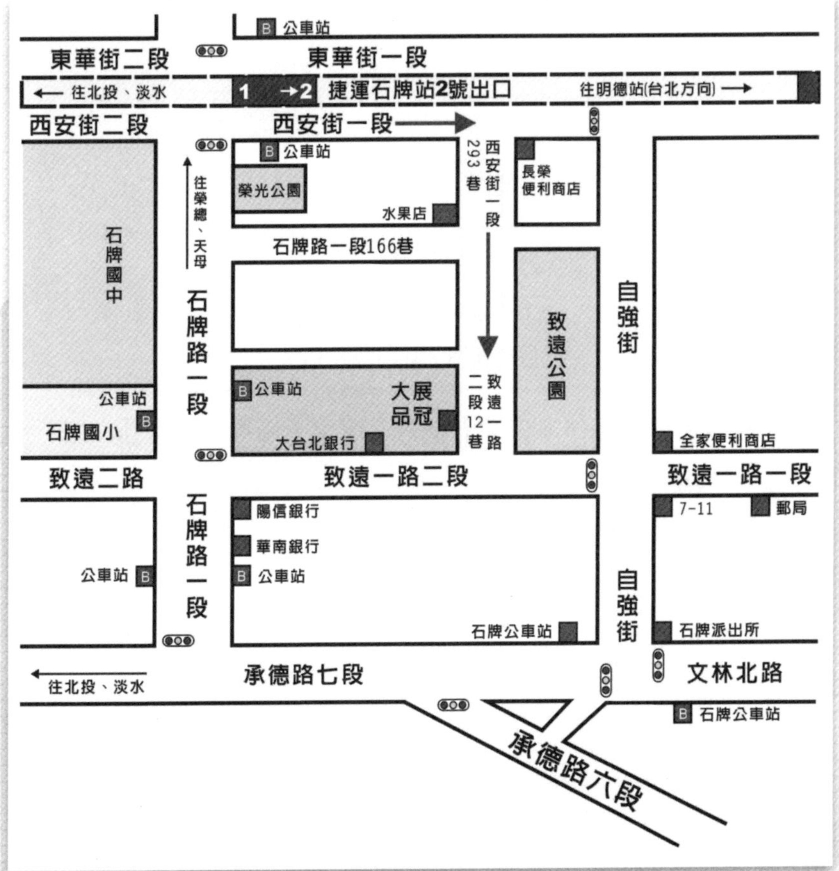

建議路線

1.搭乘捷運・公車

淡水線石牌站下車，由石牌捷運站２號出口出站(出站後靠右邊)，沿著捷運高架往台北方向走(往明德站方向)，其街名為西安街，約走100公尺(勿超過紅綠燈)，由西安街一段293巷進來(巷口有一公車站牌，站名為自強街口)，本公司位於致遠公園對面。搭公車者請於石牌站(石牌派出所)下車，走進自強街，遇致遠路口左轉，右手邊第一條巷子即為本社位置。

2.自行開車或騎車

由承德路接石牌路，看到陽信銀行右轉，此條即為致遠一路二段，在遇到自強街(紅綠燈)前的巷子(致遠公園)左轉，即可看到本公司招牌。

國家圖書館出版品預行編目資料

太極拳原理與練法・定式太極拳・簡式太極拳・意氣功／徐震著
——初版，——臺北市，大展，2012〔民101.05〕
面；21公分，——（徐震文叢；3）
ISBN 978-957-468-877-7（平裝）
1. 太極拳　2. 氣功
528.972　　　　　　　　　101004242

太極拳原理與練法・定式太極拳・簡式太極拳・意氣功

著　　者／徐　　震
責任編輯／王　躍　平
發 行 人／蔡　森　明
出 版 者／大展出版社有限公司
社　　址／台北市北投區（石牌）致遠一路2段12巷1號
電　　話／(02) 28236031・28236033・28233123
傳　　真／(02) 28272069
郵政劃撥／01669551
網　　址／www.dah-jaan.com.tw
E-mail／service@dah-jaan.com.tw
登 記 證／局版臺業字第2171號
承 印 者／傳興印刷有限公司
裝　　訂／建鑫裝訂有限公司
排 版 者／千兵企業有限公司
授 權 者／山西科學技術出版社
初版1刷／2012年（民101年）5月

定　價／200元

大展好書　好書大展
品嘗好書　冠群可期

大展好書　好書大展
品嘗好書　冠群可期